ये वह शब्द नहीं

डॉ. वरदा शुक्ला

ISBN
Paperback 979-8-89233-360-3
Hardcase 979-8-89699-989-8

ये वह शब्द नहीं

कहानी संग्रह

मम्मी पापा, मनु और
वामिका को समर्पित

आत्मकथा

अपने मेडिकल पाठ्क्रम की एक पुस्तक में पढ़ा कि नारी एक Default Phenotype* है। शब्दःश समझे तो नारी स्वरूप किसी तत्व अथवा अंतस्त्राव की अनुपस्थिति से जन्म लेता है। कितनी उपेक्षा और तिरस्कार है इस परिभाषा में, और वह भी उस प्राणी के लिए जो स्वयं में पूर्ण है?

मैनें इस परिभाषा को वैज्ञानिक मान नकार देना ही उचित समझा क्यों कि इसे भावनात्मक दृष्टिकोण देना मुझे तर्कसंगत प्रतीत नहीं हुआ।

महिलाओं के साथ मेरे अनुभव को पन्द्रह वर्ष से अधिक हो गए किन्तु उन से मेरा साक्षात्कार कदाचित ही सुखद रहा । प्रत्येक वर्ग, श्रेणी, धर्म समुदाय की महिलाओं की समस्या ज्ञात हुई। समानता न हो किन्तु आधार एक ही था।

कुछ व्यक्त कर पाती, तो कुछ ने अपनी पीड़ा से समझौता कर लिया था। परिवार के सुःख एवं समपन्नता की धुरि एक स्त्री होती है, उसके स्वास्थ्य एवं स्वरूप की भूमि पर ही सदस्य पल्लवित् पुष्पिंत होते हैं हर रोग का आधार दूषित दिनचर्या नहीं होती मानसिक अवहेलना किसी को निर्जीव बना सकती है, विज्ञान भी इसकी पुष्टि करता है।

महिलाओं के रोग का मुख्य कारण अधिकांश जगह, समाज की उनके स्वास्थ्य के प्रति उदासीनता है। सरकारी योजनाओं का लाभ धरातल पर क्यों नहीं मिल पाता?

क्यों कि प्राथमिकता* वे हैं ही नही।

---

*भौतिक अभिव्यक्ति

"महिलाएं उस बीमारी और समस्या के कारण नहीं मर रही हैं जिसका हम इलाज नहीं कर सकते, वे इसलिए मर रही हैं क्यों कि समाज ने अभी तक यह निर्णय नहीं लिया है कि उनका जीवन बचाने लायक हैः **"प्रोफेसर फतेहअल्लाह** के शब्दों में

उनकी उपस्थिति, अनुपस्थिति के पर्याय उपलब्ध है। उनके अस्तित्व का यथाचित मोल नहीं किसी को।

विगत वर्षों में इतनी दुर्दशा क्यों?

मन कचोटने लगता कि, वैदिक काल की स्वछन्द, विहगिनी कब इतनी व्यथित और पराधीन हो गई?

स्वयंवर कर अपने जीवन-साथी का चुनाव करने वाली, शास्त्रार्थ कर पुरूषों से टक्कर लेने वाली, कोमलता एवं अनुग्रह की स्वामिनी आज स्वयं इतनी निराकार क्यों हो गई?

वेदों में नारी को सर्वोच्च स्थान दिया गया।

ज्ञात हो,

"अतुलं तत्र तत्तेजः सर्वदेव शरीरजम्
एकस्थतद्भून्नारीव्याप्तलोकत्रंय त्विषा न स्त्री रत्न
समं रत्नं।"

अर्थात्

The incomparable radiance that was born from all gods and pervaded the three worlds came to one place and took the form of a women.

दुःख होता किंचित यह पतन बदलते समीकरणों को दोष है, या हमारे संकुचित दृष्टिकोण का दुःपरिणाम।

नारी के भीतर एक नारी है, जो अगोजर है, इन्द्रियांवित है। वह सुख की कामना करती है परन्तु समाज की भूमि केवल दायित्व समझती है और उसी पर आकलन करती है।

इस द्वंद को स्वयं से परे नहीं देख पाई, अपने अनुभवों की प्रेरणा से ग्रसित ही है, जो लिखा है।

किसी भी कृति में महत्वपूर्ण उसके पात्र हुआ करते हैं। उन्ही के भाव-विचार, चिन्तन-मनन को लेकर, कृति दिशा प्राप्त करती है। निश्चय ही कुछ है, जो अलिखित है, किन्तु वह पात्रों के चरित्र में और पुस्तक की आत्मा में व्याप्त है। महान विचारक **खलिल गिबरान** के अनुसार

"एक संवेदनशील महिला के हृदय से मानव जाति की खुशी का स्रोत बनता है और उसकी नेक भावना की दयालुता से मानव जाति का स्नेह उत्पन्न होता है"

इस कथा संग्रह को इस कामना के साथ आपके समक्ष विनम्र रूप से प्रस्तुत करती हूँ, कि सृष्टि-समाज, नारी की परिभाषा "दायित्वों की प्रतिमूर्ति" से ऊपर कुछ समझ पाए।

वरदा शुक्ला

अनुक्रमांक

SCHOOL

अण्डेवाली

पीपल के वृक्षों से छुपी हुई, रहटठों की बनी मूसलदानी सी झोपड़ी थीं, आधा गाँव बंजर दिखाई पड़ता था। पथरीली चट्टानें, शुष्क धरती, बेरंग और बेजान हवा,प्रकृति की तरह गाँववासी भी निष्क्रिय और निर्जीव हो चुके थे। किसी में भी स्फूर्ति या ऊर्जा न दिखती। पुरूष थोड़ा बहुत समय खेतों में बिता देते थे। मूलरूप से वे कपास और जौ खेती से गुजारा करते थे।

कहते है कि कुछ वर्ष पूर्व सरकारी मिले थी, पर अब मिलों मे ताले पड़ गये थे। बहुत से बेरोजगार हो गये किन्तु रोटी खाने भर का जितना कमा लेते थे। इससे अधिक की न तो उनमें इच्छा थी ना ही सार्मथ्य, इसके विपरीत महिलाएं अधिक कर्मठ दिखती। घर के काम तो वे करती ही थी, समय पाते बाहर दुकानदारी भी कर लेती थी। कुछ ने तो झोपड़ी में ही परचून की दुकानें खोली हुई थी, तो कुछ मवेशियों का दूध बेच लेती, किन्तु कही भी सम्पन्नता न दिखाई देती। हरियाली और खुशहाली उनकी जिंदगी से कोसो दूर दिखाई पड़ती थी, या फिर मैं अधिक तुलनात्मक हो रहा था। पंजाब से आकर मुझे यहाँ अरावली की पहाँड़िया आकर्षित न करती थी।

"मास्टर साहब! यहाँ तो सब ऐसा ही है," हमारे स्कूल की आया ने मुँह में सुपारी रखते हुए कहा"।

बच्चे तो आते ही थे पर जब से मिलें बंद हुई है, दो वक्त का भोजन ही मिल जाये तो बहुत है।

कमला सुबह स्कूल में काम करने के बाद शाम को उसी गेस्ट हाउस में रहती थी, जहाँ मैं रूका था। इसलिए वह मेरे साथ आया जाया करती थी। राह मे गाँव में एक-एक व्यक्ति, उसका घर द्वार सबकी खबर दिया करती। पता ही नही चलता कि कब स्कूल आ जाता था। किसके यहाँ हैंडपम्प लगा? किसी कि गाय गाभिन हुई? किसका पति? किसकी औरत?

किसकी फसल? कितनी फसल? उसके सूत्र मैं नहीं जानता पर उसे सारी खबर रहती। कमला अधेड़ उम्र की, ऊँचे कद काठी की सुडौल महिला थी। उम्र के विपरीत वह कहीं अधिक चपल और मेहनती थी।

"मास्टर साइब" यहाँ तो सब मूर्खों की पाठशाला हैं, इनको क्या पता दुनिया कहाँ पहुँच गयी है। अरे दुनिया तो कम्प्युटर पर पहुँच गई और ये टी0वी0 देखकर, रेडियो पर पंचाग सुनकर, या फिल्मी गाने सुनकर खुश हो जाते हैं। वो तो कहो मोबाईल

आ गया है तो कुछ ए-बी-सी-डी समझते है वरना थैंक्यू तो हम इनको सिखाये है।

प्रत्येक सुबह उसके पास कोई नई कहानी होती थी। उसे देखकर लगता है कितना सुःख है अपने को दूसरों से बेहतर स्थिति में पाकर? वह अनुभव वह अहसास। मनुष्य क्यों खुःश या दुःखी होता है? क्या है, सुःख-दुःख के मापदण्ड? मनुष्य स्वार्थी है। अपने स्वार्थ की भूख शान्त करके ही उसे सबसे अधिक खुशी होती है। वह स्वार्थ जो क्षणिक है जिसका कोई भविष्य नहीं? वह स्वार्थ जो समय का दास है, परन्तु मनुष्य क्षणिक सुःख में ही जीता है। कमला स्वयं को इसी सुःख का आनन्द देते हुए व्यस्त रखती।

आज सूरज देवता कही छुप गये थे। किसी तरह कुछ किरणें बादलों से लड़ती हुई, हठ करके इधर-उधर गिर रही थी। पश्चिम की हवांए भी रास्ता भूलकर आज इस बंजर धरती की तरफ रूख कर आई थी। पिछले दिनों की तुलना में मौसम कुछ सुहावना था।

किन्तु मुसहरिन सदैव की भांति आज भी सुबह कंडे पाथ रही थी, उसके काले बच्चे कुऐं के पास हमेशा की तरह कंचे खेल रहे थे। तीन बच्चे थे, तीनों ही काले, लड़की मटमैली सी फ्राक पहना करती और लड़के तो अर्धनग्र ही घूमते थे। कपड़ो से ही लड़का लड़की का भेद किया जा सकता था।

"बहुत अभागन है मास्टर साहब" कमला बोली,

आज शायद वह मुसहरिन की कहानी बताने वाली थी। साहब "जब से लड़की हुई है, आदमी को लकवा मार गया और घर पर ही रहता है। यह दुखयारी सेमर की रूई बीनकर,लकड़ी के गट्टे बटोरकर जो कमाती थी, वो पति की दवा मे लग जाता था"। बच्चों का स्कूल छूट गया। वे भी उदंडी हो गए हैं। आए दिन यहाँ-वहाँ हुड़दंग किया करते हैं।

क्यों लड़की होने से आदमी को लकवा मार गया? मैं हतप्रभ था।

हाँ! साइब, बड़े बुरे भाग लेकर आयी हैं, वह क्या आषाढ़ महीने की अमावस की रात को क्या कहते हैं, कौन सा नक्षत्र? उसने प्रश्न किया?

मूल। मैंने उत्तर दिया,

हाँ साहब 'मूल' की है, **"लड़की"**, पंडित जी कहते है काल बनकर आयी है लड़की। जब से हुई है देखो वर्षा नही हुई।। हर वर्ष सूखा पड़ रहा है। धरती ठोस ककरीली हो गई है। साहब, पंचायत आदेश दी है मुसहरिन को लड़की कुएं के पास ना जायेगी।

आश्चर्य ना हुआ मुझे कमला की बातें सुनकर, कुरीतियों एवं अंधविश्वास से ग्रस्त समाज का यह कोई पहला उदाहरण नहीं था। यह तो सामाजिक ढाँचें का एक अंग है, हमारी मानसिकता का स्त्रोत है। इस मानसिकता का स्वरूप बदल सकता है परन्तु किसी प्रकार की आधुनिकता, शिक्षा हमें इससे मुक्ति न दिला पायेगी। इसकी आड़ में हमेशा ही निर्बल का शोषण एवं शिकार हुआ है, और आगे भी होता रहेगा। उपाय है किन्तु समर्थ एवं सबल के लिए।

मुसहरिन सूरत में साधारण सी थी। सपाट नैन नक्श, श्यामल वर्ण और हां, माथे पे गिरतें हुए आड़े तिरछे बाल। मुझे नही लगता उसके घर में आईना होगा। किन्तु एक विशेष बात थी उसमें, गाँववासियों के विपरीत वह मुझे अधिक जागरूक दिखती थी। कुछ दिन पूर्व कमला से पहली कक्षा की पुरानी पुस्तकें एवं तख्ती माँगी थी। पोस्ट ऑफिस में खाते के लिए भी पूछ रही थी। अपनी तरफ से वह प्रयास कर रही थी, जीवन को पटरी पर लाने का।

किन्तु भाग्य से कौन लड़ पाया है? प्रत्येक मनुष्य को अपनी परीक्षा देनी होगी। अपने भाग्य के कष्ट, अपने हिस्से की धूप काटे बिना कोई ना जायेगा। कोई रोगी बनकर परीक्षा देगा तो कोई सेवक बनकर। कोई सम्पन्न होकर तो कोई दरिद्र बनकर।

समय के तराजू पर सब तोले जायेंगे। परिस्थितियों से सबको बल लड़ाना पड़ेगा। मनुष्य, प्रकृति, जीव-जन्तु सब परीक्षा देंगें, पास फेल होने के लिए नही और न ही जीतने हारने के लिए, किन्तु अस्तित्व के लिए। अपने और अपनी आने वाली नस्लों के अस्तित्व के लिए, सब परीक्षा देंगें।

अरावली की तपती, आग उगलती पहाड़ियों के बीच यह स्कूल भी अपने वर्चस्व की लड़ाई लड़ रहा था। गिनती के मास्टर, गिनती के कर्मचारी और उससे भी कम गिनती के बच्चें। हिन्दी, गणित, अंग्रेजी व इतिहास, सब एक ही मास्टर निपटा दिया करते। प्राइमरी के बच्चों की उपस्थिति- अनुपस्थितियों का महत्व ही नहीं था। स्कूल, मास्टर बच्चें सब समय काट रहे थे।

"अरे मास्टर साहब, आप नये आये हैं।" नही जानते हम कैसे स्कूल चला रहे हैं। कौन समझाए इन सरकारी अफसरों को ये जंगली, जिन्होनें कभी स्कूल न देखा हो वह अपनी दस पीढ़ियों तक को न पढ़ाएगें। वह तो कहिए जब से क्या कहतें है, "मिड डे मील" प्रारम्भ हुआ है, तब से कुछ बच्चे लालच में आ जाते है। प्रिंसीपल ने मुहँ में मसाला दबाते हुए कहा।

सत्य ही है, न तो यह मुझे कभी स्कूल लगता था न ही ये बच्चे। न ही पैरों में जूतें, न कभी बाल बने हुए। बच्चों को पढ़ाने के लिए कभी पुस्तकें कम पड़ जाती थी तो कभी तख़्तीयाँ।। अभाव

व अव्यवस्था से मुझे कुछ उदासीनता सी होने लगी थी। मैंने निर्णय किया ऐसे न चलेगा, हम पंचायत जा पहुँचें।।

किसी और जगह की तरह यहाँ भी पंचायत पीपल के वृक्ष के नीचे लगी थी और खटियाँ पर हुक्का पीते सरपंच बैठे थे। एक कोने में मुसहरिन सकुचाई घबराई बैठी थी। वह कभी अपने सिर के पल्लू को नीचे खींचती, तो कभी साड़ी मुहँ में दबा लेती।

"आज मुसहरिन को पंचायत ने लाइन हाजिर किया है साहब" कमला बोली।

"ठाकुर साहब इसकी लड़की कुएं के इधर-उधर घूमा कर रही थी"। एक दुबले पतले गाँव वाले ने मुसहरिन पर आरोप लगाया।

क्यो री? तुझे न मालूम है। तेरी लड़की श्रापित है, क्या चाहती हो। दो कुएं रह गये हैं वे भी सूख जाए। सरपंच ने मुसहरिन को फटकारा।

मुसहरिन उस असहाय दुर्बल मेमने की तरह खड़ी थी जिस पर चारों तरफ शिकारियों ने घात लगा रखी थी।

वो मिमिया कर बोली "ना साहब"।

हाँ आखिरी चेतावनी है, दुबारा हुआ तो तुझे भी गाँव से निकलवा देंगें। चल भाग यहाँ से। "हाँ साइब" यह कहते हुए मुसहरिन अपनी लड़की को घसीटते हुए निकल गयी।

पंचायत का माहौल गर्म देखकर मैंने सरपंच से आज बात करना ठीक ना समझा किन्तु कमला अभ्यस्त हो चुकी थी।

"सरपंच साइब", ये हमारे नए मास्टर साहब है, बहुत विद्वान एवं मेहनती है, कमला ने मेरा परिचय कराते हुए कहा।

हाँ! मास्टर साहब बताइए, क्या सेवा कर सकते है आपकी?

पता नही मुसहरिन के प्रकरण के बाद मै सरपंच से कुछ कह न सका। परन्तु कमला ने सरपंच से अपनी सारी शिकायत दर्ज करा दी। उनकी भाव-भंगिमाएं देखकर ऐसा तो न लगा कि वह इस समस्या के प्रति गंभीर है किन्तु अपने स्तर से सहायता का आश्वासन दिया।

दिन बीत रहे थे और उमस-तपन की तरह समस्याएं भी बढ़ रही थी। मैंने भी स्वयं को परिस्थितियों के अनुरूप ढाल लिया था। सब कुछ वैसा ही था किन्तु मुसहरिन के जीवन में कुछ उथल पुथल थी और ये परिवर्तन कुछ अच्छे संकेत ही दे रहे थे। पहले की तरह न तो उसका आदमी चौखट पर खटियाँ तोड़ता दिखता था, और न ही उसके काले बच्चे अर्धनग्न घूमा करते।

कमला ने बताया कि गाँव के प्राथमिक केन्द्र पर नई डॉक्टरनी आयी हैं वह आदमी का इलाज कर रही है "वह क्या कहते है साइब"

"फिजियोथेरेपी" से, मैंने कहा।

हाँ साइब, उही वह बोली!

दो महीने होने को हे अब तो खुद उठकर टट्टी पेशाब कर आता है, वरना तो, और साइब मुसहरनी डॉक्टरनी के साथ बड़े शहर भी जाती है। पता नही डॉक्टरनी उससे क्या काम करा रही है? इधर कुछ पैसा भी पाई है। बच्चों के दाखिला के लिए आयी रही हमारे पास, पक्की छत भी पड़वा रही है। गाँव वाले तो तरह-तरह की बातें कर रहें हैं, पता नहीं क्या गोरखधंधा कर रहीं हैं दो? हमने सोचा कि आपको बता दें, तो बेहतर। कमला ने पूरी कहानीं बताई।

विचारों का द्वंद्, मेरे मस्तिष्क को जकड़ रहा था। अपनी अंतर्ध्वनि से मैं व्याकुल हो गया। समझ नहीं पा रहा था कि क्या हो रहा है। प्रायः समाचार पत्रों में निकलता था कि, किसी की किडनी निकल गयी तो कोई अपंग हो गया। कहीं इससे कोई मूर्ख तो नही बना रहा था? कोई गैंग?

साहस जुटाकर मैं और कमला मुसहरिन की झोपड़ी जा पहुँचें।। मुसहरिन की झोपड़ी के सामने का दृश्य देखकर हम दोनों सकपका गए। हजारों गाँववासी लाठियाँ, फरसे, बल्लन लेकर उसकी चौखट के आगे खड़े थे। रोष से भरा सरपंच चिल्ला रहा था।

“निकल बाहर डायन, क्या धंधा चलाया हुआ है यह सब न चलेगा हमारे गाँव में”।

“निकालों ठाकुर इसे गाँव से” एक लडैत बोला और मुसहरिन को बाहर खींच लाया और बाकी लडैत गिद्ध की तरह उस पर झपटे।

“अरे छोड़ो क्या कर रहे हो ठाकुर साहब” मैं अकस्मात बोल पड़ां मुझे आभास ही नहीं था, कि मैं क्या कर रहा था, क्यों कर रहा था? पर शायद जिस प्रकार हर प्रश्न का उत्तर नही होता उसी प्रकार हर क्रिया का कारण नहीं। परन्तु इस क्रिया की क्या प्रतिक्रिया होने जा रही थी?

“तुम बीच में ना पड़ो मास्टर”। तुम नही जानते कि इस डायन ने क्या रासलीला रचाई है, सरपंच गुर्राया।

क्या रासलीला? मैं हतप्रथ था।

हाँ! रासलीला ही तो है। महीनें मे दो दो बार शहर जाती है और पैसे लाती है वहाँ से ये कुलक्षिणी। यदि यह झूठ है तो क्यों नहीं बोलती? अपने लट्टू पर बल देते हुए सरपंच बोला।

मुसहरिन फिर उस मेमनें की तरह दिखी जिसके मिमियाने का इन कसाइयों पर कोई भी असर ना होने वाला था। उसका आदमी और बच्चे भी एक कोने में गठरी बने हुए थे।

"देखो कैसे बुत बनी खड़ी है? क्यों नहीं जवाब देती?"

सरपंच मुसहरिन की ओर बढ़ने लगा। वह निउत्तर थी

"अरे ठाकुर साहब बस इतनी सी बात" मैनें बीच में हस्तक्षेप किया।

"मास्टर जी, यह आपका स्कूल नहीं और न ही स्कूली बात, पूरा गाँव कलंकित है इसके कुकर्मों से।

मैं नहीं जानता था कि मैं क्या कहने जा रहा था। क्षण भर के लिए सारे लठैत सकपका गए, लट्ठ गिर गए और मेरे तरफ उत्सुकता भरे नेत्रों से देखने लगें।

"हाँ हाँ सुकर्म", इस दुखयारी से तो आपको सहानभूति होनी चाहिए न कि आक्रोश। बड़े शहर जाकर, एक अमीर व्यापारी के लड़के को अपनी किडनी दी है इसने। मैं बोल पड़ा,

क्या? मास्टर

ठाकुर, उसके चमचे, सब मेरे इस खुलासे से सकते में थे।

हाँ ठाकुर साहब, स्वास्थ केन्द्र पर जो डॉक्टरनी आई थी वही ले गयी थी। उन्हीं पैसों से इलाज कराया है आदमी का। ये कहानी महिनें भर से चल रही मेरी कल्पनाओं और शंकाओं से जन्मी थी किन्तु ठाकुर और गाँववासियों को शान्त करने में सफल थी। कुछ ही क्षणों में मैदान शान्त हो गया, सन्नाटा छा गया मानो जैसे कुछ हुआ ही नहीं।।

स्वतंत्रता दिवस समीप था, प्रातः ही छात्र इसकी तैयारियों हेतु विघालय प्रांगण में जमा हो जाते थे उनकी उमंग और जोश देखकर प्रसन्नता हो रही थी। "साइब" मुसहरिन आपसे मिलने आयी है, मुझसे कमला आकर बोली। मुझे आश्चर्य न हुआ। शनिवार के प्रकरण के बाद मुझे लगा कि धन्यवाद देने आयी होगी। मैनें कमला से, उसे शिक्षक कक्ष में मिलने को कहा।

"कहो कैसे आना हुआ"?

साइब हमारी जान बचा लें आप, हम गरीब क्या कहें? वह मेज के करीब उकड़ू कर बैठ गई।

अरे नहीं तुम स्वस्थ तो हो? मैं उससे पूछ पड़ा।

"साइब" आप उस दिन कुछ किडनी की बात किये थे तब से भय पड़ गया है।

कैसा भय?

"हम डॉक्टरनी के साथ बड़े शहर गये थे, सूरत के एक सेठ को बच्चे नहीं थे। डॉक्टरनी बोली उसे अपने अंडे दान करने होंगें" मुसहरिन घबरा कर बाली।

पगला गयी हो, मुर्गी हो जो अंडा दे आई, कमला ने व्यंग्य किया।

हम तो मूर्ख, अनपढ़ है साइब। ये सारे कागज हैं।। इन्हे आप ही पढ़ सकते हैं, उसने मुझे फाइलों की पोथी देते हुए कहा।

अरे किडनी निकाल ली होगी डॉक्टरनी ने तेरी।

अंडे देगी और पच्चीस हजार भी मिल जाएगा, प्रेत चढ़ गया है क्या साइब इस पर। कमला का टेपरिकार्डर चलता रहा।

"नहीं कमला" तुम शान्त रहो। मैंने कमला को समझाया।

हर बार के पच्चीस हजार मिलने थे तुमको? मैंने मुसहरिन से प्रश्न किया।

हाँ साइब। वह बोली और हमको कोई कष्ट नही, पर जबसे आपने किडनी की बात की है, भय पड़ गया है।।

साइब छोटे छोटे बच्चे है हमारे।

मुझे कुछ समझ में नहीं आ रहा था। कुछ असहज महसूस कर रहा था। मैंने मुसहरिन को जाने के लिए कहा पर उसके सारे कागज पत्तर रख लिए। इस गुत्थी को हल करना मेरे लिए आवश्यक हो गया था।

मुसहरिन की फाइल से झूझते हुए मुझे पूरी रात हो गयी थी। मेडिकल के शब्दों को बूझना मेरे सामर्थ्य के परे था। सर्वप्रथम मैंने एक-एक शब्द कम्प्यूटर में डालकर समझने का प्रयास किया। किराये की कोख, अंडेदानी, टेस्ट ट्यूब बेबी, सब अंग्रेजी में विस्तार से बताये गये थे। परन्तु सबसे महत्वपूर्ण था वो

आखिरी अल्ट्रासाउण्ड, जिसमें सब अंग नार्मल बताये गये थे। एक आश्वासन था कि मुसहरिन के साथ कुछ गलत नहीं हुआ था और यह आश्वासन ही अपने आप में एक उपलब्धि थी। सारी शंकाए दूर हो चुकी थी मन हल्का हो चुका था।

स्वतंत्रता दिवस समारोह विद्यालय के लिए प्रत्येक वर्ष सबसे विशेष था। बच्चों की ऊर्जा और स्फूर्ति का कोई मान ही न था। सब राष्ट्रीय-ध्वज लिए चकरघन्नी की तरह एक छोर से दूसरी ओर नाच रहे थे। हर कोने में हलचल थी। उल्लास और उत्साह से युक्त सभी छात्र विद्यालय के प्रंगण में एकत्रित हो चुके थे। प्रिंसीपल किसी भी क्षण आ सकते थे और उनके साथ स्थानीय विधायक श्री राम सेवक को भी मुख्य अतिथि के रूप में आना था।

मुख्य अतिथि के आते ही सभी बच्चें शांति से पंक्तियों में खड़े हो गये और भाषण सुनने लगे।

तभी कमला मुझे कुछ इशारे से दिखाने लगी,

'क्या हुआ कमला'? मैने पूछा

वह देखिए साहिब, जानते है वह कौन है? वह बोली!

एक छोटी सी काली लड़की पंक्ति में आखिरी नंबर पर खड़ी थी। अपने नये स्कूल के बस्ते और जूते का देख मन ही मन मुस्कुरा रही थी।

जानते हैं साहब! कौन है यह लड़की?

"मुसहरिन की सबसे छोटी बेटी है साइब, वह बोली"।

विचारों के भवंर में कुछ क्षण के लिए मैं खो गया, कमला आगे कुछ बोल पाती कि, वर्षा की छींटों ने सबको झकझोर दिया। बडे और बूढ़े तो यहाँ-वहाँ दौड़ने लगे, किन्तु बच्चों को इन बूदों का भरपूर आनंद लेने से अब कौन रोक सकता था?

चमत्कार को गया कमला?

किन्तु कौन मुझे सुनता।

इस शुष्क धरती पर, प्रकृति ने अमृत बरसाया है, ये वर्षा नहीं है कमला ईश्वर का आशीर्वाद है।

मैं दफ्ती से सिर ढक कर कोने में खड़ा हो गया, प्रिंसिपल, विधायक जी, सब स्थिर हो कर प्रकृति के इस रूप का आनंद ले रहे थे।

कमला बोली, "साइब वर्षा आई है न?

'हाँ कमला' प्रभु की वर्षा

नहीं साइब-मुसहरिन की छोटी बेटी वर्षा

वह देखिए खड़ी है।

बाँझपन "एक गैर घटना संक्रमण"

- स्वास्थ्य और बीमारी की सामाजिक संरचना, शायद बाँझपन के मामले में अन्य स्थितियों की तुलना में और भी अधिक प्रभावशाली है।

- जिस संस्कृतियों, विशेषतः विकासशील देश जहाँ स्वैच्छिक संतान-मुक्त रहने की कोई अवधारणा नहीं हैं, वहाँ महिलाएं बांझपन को गुप्त कलंक मानती हैं।

- विश्व स्वास्थ्य संगठन की रिर्पोट के अनुसार पुरूष बांझपन के कारण वर्तमान में 40 प्रतिशत जोंडे़ निःसंतान रह जाते हैं।

- विपरीत इसके 64 प्रतिशत मामलों में ही मनुष्य उपचार उन्मुख होते हैं।

- विडंबना है परन्तु अभी भी कई देशो में पुनः विवाह को उपचार के रूप में पुरूष प्राथमिकता देते हैं।

- बांझपन की समस्याओं का सामना करने वाली महिलाएं अपने समकक्षों की तुलना में अधिक अवसाद में रहती है, वे इसे अपने आत्मसम्मान पर सीधे आघात के रूप में लेती है।

सोशियोल हेल्थ इलन,
2010 जनवरी, 32(1)140-162

यह युद्ध सिर्फ तुम्हारा है

परिवार और समाज ये दो शब्द किसी भी मनुष्य विशेषतः स्त्री की संरचना को सबसे अधिक प्रभावित करते हैं। उसकी नब्बे प्रतिशत शारीरिक, मानसिक निर्माण परिस्थितियों और परिवेश से ही गठित होता है

“ये कर लो, ये न करो” इसमें परिवार का हित है

“यहाँ जाओ, यहाँ न जाओ”,समाज क्या कहेगा?

करने और न करने, होने न होने के इस द्वन्द में एक लड़की कब स्त्री बन जाती है,

उसे आभास ही नही होता।

इच्छाएं, अनइच्छाएं हो जाती हैं और त्याग, समझ ।

कहाँ टोपी लगाकर पुल बनाओगी ?

अरे कोर्ट -कचहरी करना शोभा नही देता लडकियों को!

टॉपर हो। वैसे भी हमारे घर में कोई डॉक्टर नहीं है।

ये शब्द प्रायः सुनने को मिलते। और सत्य स्वीकार करू तो आज कुछ गलत भी नहीं लगता। बचपन में देखी हुई पिताजी की सख्ती और माँ की फटकार, कड़वी दवाई जैसी थी। बीस वर्ष पूर्व केबिल टीवी, स्मार्ट फोन, सोशल मीडिया, से विरक्त जीवन जहाँ सोच को संकुचित करता था, वहीं स्वप्नो के पर भी काट देता था। एक कूप मंडूक की भान्ति हम एक स्वनिर्मित दुनिया देखते । किन्तु कोई दुःख नही, न ही कोई कुंठा ।

20 वर्षों के संघर्षों से उपरान्त प्राप्त आज का यह दिन ही मेरे लिए सबसे सुनहरा है। संघर्ष के दिनों की स्मृतियाँ अमिट होती है । उनसे मिलने वाली सीख जीवन पर्यन्त के लिए उर्जा का स्त्रोत बन जाती है।

मेडिकल की दुनिया में प्रवेश मेरे लिए एक उपलब्धि कम और उद्धार अधिक था । समाज में परिवार की प्रतिष्ठा बनाये रखने के लिए किया गया एक उद्धार, पिता जी सरकारी महकमे में बड़े अफसर थे। परिवार में सदस्य भी कम न थें, तीन भाईयों के बीच मैं अकेली थी। इसको सौभाग्य भी मान सकते हैं, और दुर्भाग्य भी । सौभाग्य सीमित था। खान-पान में तुलना अथवा भेदभाव नहीं झेलना पड़ा, उसमें प्राथमिकता मिलती। दुर्भाग्य अनगिनत थे। आवश्यकता से अधिक संरक्षण और सुरक्षा मनुष्य के जीवन की में सबसे बड़ी बाधा होती है। कुछ इस संरक्षण को प्रेम

की अभिव्यक्ति भी मान सकते हैं किन्तु "अति" हानिकारक ही होती है।

प्रत्येक वर्ष गर्मी की छुट्टियों में गाँव में तपने का आनन्द ही कुछ और था । किन्तु, वहां महिलाओं की स्थिति पर चर्चा करें तो दुःख ही होता । कोल्हू के बैल की तरह दिन रात चलना ही उनके लिए नियत था । वह जन्म से ही सेवक थी, पिता की, भाई की, पुत्र की, सदैव से सदा तक सेवक। कोई शिकायत भी नहीं थीं उन्हें, जो देखा नहीं सुना नहीं, उसकी कल्पना कैसी ? और इच्छा का तो प्रश्न ही नहीं! । व्यवस्था चाहे शिक्षा की हो, स्वास्थ्य की, यहाँ तक शौच की, महिलाओं के लिए न कारण थे, न ही साधन न किसी के पास समय ।

किन्तु बचपन से मुझे गाँव में बहुत स्नेह मिला। प्यार से सब "गुड़िया" बुलाते। आस-पास यह बताकर कि गुड़िया अंग्रेजी मिडियम में पढ़ती है, गर्व करते। कुछ एक /आद तो भीड़ में अरे बिटिया बोलो तो **"अंग्रेजी में"** । मेरी उलट-पलट अंग्रेजी भी सब सुनकर हतप्रभ हो जाते।

"देखा कितना फर्राटेदार बोलती है" भाभियां गाँव की औरतों से कहती, और मै स्वंय को तुर्रमखः समझने लगती ।

किन्तु एक बात कष्ट देती । पूरा गाँव जाति प्रथा में जकड़ा हुआ प्रतीत होता । छूआ-छूत देखकर बहुत ग्लानी होती। एक उच्च

ब्राह्मण परिवार में होने के नाते आपको नित अपनी शीर्षता का बोध कराया जाता।

"चाची शहर में तो सब जात एक साथ रहते होंगे?, अनायास ही एक दिन मेरी भाभी ने माँ से पूछा।

गाँव में रहने वाली मेरी भाभियाँ मेरे लिए किसी वीरागंना से कम नहीं थीं। शक्ति प्रदर्शन के लिए एक नारी विदूषी हो, कामकाजी हो आवश्यक नहीं होता। विपरीत परिस्थियों में भी जो सशक्त हो ऐसी नारियों का वह मजबूत उदाहरण थी। सामाजिक कुरितियों के अनुसार उन्होंने स्वंय को ढाल अवश्य लिया था, किन्तु मानवता और आत्मीयता से पूर्णतः परिपूर्ण थी। मेरी माँ को यह प्रश्न अटपटा न लगा। जात/कुल की बातें गाँव में अमूमन ही की जाती थीं।

"हाँ लल्ली सब साथ ही रहते हैं कोई चारा भी नही है," माँ ने उत्तर दिया।

"अरे चाची। हमारे यहाँ जो कहारन है, ललिता," उसका आदमी खत्म हो गया, पिछले जेठ में हैजा से, पाँच साल की छोटी लड़की है, सोचते है आप शहर में रख ले। सरकारी घर है आपका, कहीं कोने में पड़ी रहेगी, घर के कामों में हांथ भी बटा देगी, बड़ी दुखियारी है बेचारी।

माँ के तो मन की बात जैसे किसी ने परख ली हो। गठिया के चलते उनसे अब ज्यादा काम नहीं होता था। पिताजी ने भी हामी भर दी। ललिता बुआ हमारे साथ रहने लगी। माँ को भी मदद मिल जाती। गाँव वालों ने पिताजी को उकसाने के बहुत प्रयास किये, किन्तु वे एक सख्त अफसर थे। छूआ छूत को वे भी गलत मानते थे।

माँ छुटकी (ललिता बुआ की बिटिया) छः वर्ष की है, पढ़ेगी नही? मैने माँ से पूछा

"अरे बिट्टी हमारे यहाँ कौन पढाई करके कलेक्टर बन जावेगी। रहने दो दीदी" चौका बर्तन ही ठीक है इसके लिए, ललिता बुआ बोल पड़ी।

मैने माँ को समझाने का बहुत प्रयास किया। उनके भी अपने तर्क थे, वे बोली "अरे गुडिया" ससुराल वालों ने अभी इसे कोसना नही छोड़ा कहते हैं, बेटे को खा गई अब शहर जाकर क्या बेटी को अंग्रेज बनाएगी ?

समाज के नाम पर उपजी बंदिशे प्रत्यक्ष हो या अप्रत्यक्ष, समाज के पतन का सबसे 'बड़ा कारण बनती हैं। विजय इस बार भी हमारी हुई, सारे विरोधी के बीच, पिताजी के सहयोग से छुटकी का दाखिला सरकारी स्कूल में हो गया। बहुत होनहार तो न थी

छुटकी, किन्तु आत्मविश्वास देखते बनता था। ज्यों-ज्यों कक्षा बढ़ती गई, उसका व्यक्तित्व उभरने लगा।

इस वर्ष मेरी गाईनी रेजिडेंसी का अंतिम वर्ष था। परीक्षा समीप थी। पिताजी का रिटायरमेंट भी होना था। पूरा गाँव आश्वस्त था कि गुड़िया पढ़ाई उपरान्त गाँव में अस्पताल खोलेगी और हम वहाँ के मालिक कहलाएगें। मेडिकल के संघर्षों से अनभिग्य वे स्वप्न देखा करते थे। छुटकी का भी इस वर्ष इंटर था। उस दिन आखिरी वाईवा था। मुझसे अधिक इम्तहान की माँ को चिन्ता रहती थी। दो माह हॉस्टल में रहने के उपरान्त आज घर जाने का विचार मात्र मन में उल्लास भर देता। मां भी राह देखती होगी। पिताजी कहेगे नहीं उनका मौन आशीर्वाद ही काफी था ।

घर पहुँची तो देखा माँ भीतर नहीं थी, पिताजी ने बताया ललिता बुआ के ससुराल पक्ष से कोई आए है, मां वही बैठी है। मैने भी अधिक ध्यान नहीं दिया । दूर से देखा, माँ चिन्तित लगी। कमरे में पहुँची तो देखा सब शान्त बैठे थे। ललिता बुआ के मुख पर शून्य के भाव थे।

वहां पहुँचते ही ललिता बुआ की सास मुझे पकड़ कर बोली 'अरे गुड़िया' बहुत खुशखबरी है छुटकी के लिए बहुत अच्छा रिश्ता आया है। थोड़ी उम्र ज्यादा है' तो क्या हुआ, लड़के की सरकारी नौकरी है रेलवे में, रानी बनकर रहेगी।

मै स्तब्ध वहीं खड़ी रही। माँ अवाक् मुझे देखने लगी' जैसे कह रही हो 'बिटिया ये न समझेंगे ।

ललिता असमंजस में पड़ गई, प्रतीत होता सोचकर भी सोच नहीं पा रही थी, गलत जानकर भी किसी मायाजाल में गिर रही थी। कंठ सूख गया और कुछ न बोल पाई। छुटकी को तो कोई सुध ही न थी ।

उसका क्या दोष 'सोलह वर्ष की उम्र में लड़की उनके लिए भेड़ ही थी' जहां ठेल दो जहां चरा दो ।

''तो फिर पक्का समझे'' उसके बाद सास ने चुप्पी तोडते हुए बोला

ललिता बुआ दबे शब्दो में बोली "दीदी से पूछ लेते" हैं।

अरे दीदी (मेरी माँ) तो तुम्हारी सबसे बडी शुभचिंतक है। "छुटकी उनकी बिटिया जैसी हैं ।" जो बन पड़ेगा मदद भी करेंगी।

ललिता बुआ की सास के ऊँचे स्वर और कर्कश ध्वनि के आगे सबने घुटने टेक दिए। आनन-फानन में मुहूत निकाला गया, ब्याह हुआ। पिताजी ने भी मुखर होकर विरोध नहीं किया। गाँव वालो के सख्त निर्देश थे, कि पारिवारिक विषय में बिलकुल न पड़ें ।

समय किसके लिए रूका है, सब भूल कर मैं भी नौकरी की खोज में व्यस्त हो गई। भाई -पिताजी किसी के पास समय न था, किन्तु माँ सोचा करती थी। ललिता बुआ भी बिदाई बाद गाँव में ही रूक गई। कुशल मंगल की खबर नहीं मिली तो लगा सब ठीक ही होगा।

इसी उधेड़- बुन में मैंने भी खैराबाद सीतापुर के मिश्रिी अस्पताल में कार्य करना शुरू कर दिया था। माँ की चिन्ता को अब नया विषय मिल गया था। शहर से दूर क्वाटर में मैं कैसे रहती होगी, यह चिन्ता उन्हें खाए जाती। 100-200 कि. मी. तक कोई अस्पताल न था । प्रत्येक दिन अनेक जटिल केशेस से सामना होता । स्त्री सही अर्थों में एक उपभोग की वस्तु है, इसका ज्वलन्त उदाहरण प्रतिदिन देखने को मिलता, मन सिहर उठता और हृदय कराहने लगता ।

दो दिन से कार्य हल्का था। दिन की ड्यूटी करने वाली सिस्टर जा चुकी थी। सहसा वार्ड बॉय मेरी तरफ दौड़ कर आया।

"मैडम हाँ रामू सॉस ले लो"

"अरे एक लड़की बिलकुल खून में लथपथ आई है। घर वाले गेट पर छोड़कर भाग गए है"। रामू बोला

हमारे लिए कुछ नया न था।

घबराओ नहीं, मैं स्वयं आती हूँ गेट पर" मैने उसे आश्वस्त किया।

एक लड़की स्ट्रेचर पर निश्चेत पड़ी थी। उसके उपरान्त जो देखा, वह दृष्य मेरी कल्पना के परे था। वह लड़की और कोई नहीं अपितु छुटकी थी, मुझे तो मानो कांठ मार गया था। उसकी न नाड़ी मिल रही न रक्त चाप। शरीर ठंडा पड़ने लगा था। मेरे जीवन की अब तक यह सबसे कठिन घड़ी थी। केस Septic Abortion*** का था चार-पांच बोतल रक्त की तुरन्त आवश्यक्ता थी।

"मैडम कोई नहीं है इसके साथ" स्सिटर ने आते ही कहा।

"स्सिटर बहन है मेरी, बस अब आगे काई प्रश्न नही" मैने उत्तर दिया

इस वाक्य के बाद किसी ने कुछ न पूछा, सब युद्ध स्तर पर लग गए। अस्पताल प्रशासन ने भी बिल आदि को लेकर कोई पूछ ताछ नहीं करी। रात हम सब उसके साथ ICU में रहे। पेशाब आने लगा था और रक्त चढ़ने के बाद नाड़ मिलने लगी थी। कुर्सी पर बैठे-बैठे नींद लग गई थी, फिर स्सिटर ने उठाकर बताया मैडम छुटकी को होश आ गया है। उसके साथ क्या कैसे हुआ होगा, यह सोचने का समय मेरे पास नहीं था।

***(संक्रमित/प्राणघातक गर्भपात)

माँ का फोन आ रहा था पूरी घटना सुनकर मां भी सकते में थी। ललिता भी उसके साथ नहीं थी क्या ? माँ को विश्वास नही हो रहा था।

खुशी इस बात की थी कि छुटकी बच गई थी। वह धीरे-धीरे ठीक हो रही थी। किन्तु सारे घाव शारीरिक नहीं होते। मानसिक घावों की पीड़ा मनुष्य को जीने नही देती। बस जब पास जाओं तो हाथ पकड़कर रोने लगती।

एक महीना हो चला था। छुटकी समय के साथ सामान्य होती दिख रही थी। बोलती कम थी, किन्तु अन्य कार्यों में स्वंय को व्यस्त रखती । यह स्थिति कैसे हुई यह कुरेदने का प्रयास मैने कभी नहीं किया। क्वार्टर में अब मुझे उसके साथ अच्छा लगता था।

एक दिन मेरी बायलोजी कि किताबे उलटते पलटते हुए बोली "दीदी हमारा इंटर आधूरा रह गया है। करवा दो, अम्मा को भी जब से फालिस पड़ी है कुछ कर नही पाती"।

उसके शब्दो ने रात भर मुझे सोने नही दिया। आशा भरी उसकी वह दृष्टि व्यथित कर देती। यह शब्द सुन कर माँ ने कहा "बेटा तुम्हें देखना है क्या करोगी? कैसे करोगी? तुम्हारा भी अपना जीवन है। यह बात समझ लो, "यह युद्ध सिर्फ तुम्हारा है" कह कर उन्होंने फोन काट दिया ।

माँ के शब्द कान में गूँजते रहें। अब छुटकी का मन पढ़ाई में खूब लग रहा था

पढ़ाई के साथ-साथ मेरे लिए खाना भी बना देती थी, बॉयलोजी से इंटर का प्रइवेट फार्म भरवा दिया था।

दस वर्ष हो गए इस घटना को पर लगता है, मानो कल की बात हो। इस बार दीपावली पर घर आई तो माँ बोली "गुड़िया"

अरे माँ बच्चों के सामने अब न बोला करो,

"तू हमेशा मेरी गुड़िया रहेगी" वह बोली "अच्छा तो माँ, इस गुडिया को तुम्हे कुछ बताना है, ये पढो कागज देते हुए मैं बोली।

वह पढने लगी

डा हेमलता सिहं, (**BHMS**) लेक्चर आयूष मेडिकल कॉलेज, फैजाबाद

कौन हमारी छुटकी, अरे हां यही नाम तो था उसका।

माँ की आँखे भर आई और मुझसे लिपट गई।

मैने कहा **"यह युद्ध हम सबका था,और हम सब योद्धा हैं।** माँ मुस्कुरा दी।

भारत में बाल विवाह के 1.5 करोड़ केश प्रतिवर्ष

–युनाइटेड नेशन के अनुसार

आई.सी.आर.डब्ल्यू के **एडमीडेस** के अनुसार

"बाल विवाह इस अर्थ में एक मूक स्वास्थ्य आपातकाल है कि इसे अक्सर मातृ मृत्यु और रूग्णता (बीमारी) के मूल कारण के रूप में नजर-अंदाज कर दिया जाता है,"

आंकडें:-

- 25 से 30 प्रतिशत लड़कियों का विवाह 18 वर्ष से पूर्व

- 3 प्रतिशत की उम्र 10 वर्ष से कम

- हर तीन में से एक केस भारत में

दुष-परिणामः-

- यौन संचारित रोगों का खतरा बढ़ता है

- लड़कियों में एनीर्मिंया के बढ़ते मामले है

- संतानों में कुपोषण का खतरा बढ़ जाता है

- बच्चे के जन्म के दौरान महिला और उसके बच्चे के जीवन के लिए उच्चत जोखिम होता है

कानून:-

- भारत में 1 नवम्बर 2007 को बाल विवाह निषेध अधिनियम लागू हुआ।

- दोषी ठहराए जाने पर 2 साल तक के कठोर कारावास या एक लाख रूपये या दोनों का जुर्माना हो सकता है।

ICU

मेरा वंश

बात होगी 2004 की, हाँ लगभग 20 साल तो हो ही गए, एम.बी.ए. करना बहुत फैशन में था। उस समय लोग कहते "हमारा लड़का फलां कंपनी में लग गया है, "वह इतना कमा रहा है"

उसका ये पैकेज है"।

जैसे एक होड़ सी लग गई थी। पैकेज और एम0बी0ए0 शब्द सुन कर हमारे जैसे मरियल मेडिकोज दाएँ, बाएँ खिसकने लगते। किस मुहँ से हम दुखियारे करते, पैकेज की चर्चा?

रो-पिट कर दो हजार स्टाईपेन्ड मिलता इन्टर्नशिप में, दिन रात मेहनत करने पर पी0जी0 की सीट मिली, उसमें भी 16-17 हजार ही मिलता।

वह भी समझ नहीं आता खर्च कहाँ करें? आश्चर्य न करे एम.बी. बी.एस. करने वाली 70 प्रतिशत जनता ऐसी ही होती है। और अगर गाईनी रेजिडेन्ट हो तो और भी गवांर समझिए। कॉस्मेटिक का ज्ञान किसी नॉन-मेडिको सहेली ने दिया तो बेहतर।

सुनहरे, सजीले सपने आचानक से सरकारी मेडिकल कॉलेज के प्रसूति विभाग में ऐसे झटके की कभी पुनः जीवित न हो सके।

जीवन मृत्यु से लड़ता हुआ, गलियारों में टिमटिमाता बल्ब, कमसिन नवयुवतियों के यौवन के तीन बहुमूल्य वर्ष खा जाने वाली भक्षक दीवारें मनहूसियत और उदासीनता के किटाणु तो इस जनाना अस्पताल के कण-कण में समाएं थे।

यहीं तक सीमित होता तो चल जाता, हमारे जलों पर नमक छिड़कने आ गया उस वर्ष ऑरकुट (Orkut)। फेसबुक की आंधी में ऑरकुट (Orkut) काल-कवलित हो गया। किन्तु उस समय वह सोशल मीडिया के नाम का पहला झरोखा था, जिस पर प्रोफाईल बनाते ही, न चाहते हुए भी दूसरों के जीवन से आपको कड़वा सामना करना पड़ता।

इसकी तो कल्पना भी नही करी थी, कि एक तो प्रताड़ित जीवन जीना ऊपर से उसका प्रदर्शन करना। हमारे पास दिखाने बताने को कुछ नया न था। हमारी मेडिको प्रजाती के लड़के-लड़कियाँ किसी भी पार्टी में एक कोने में (निष्कासित बैठे दिखाई पड़ते।) हमारे स्कूल के दिनों के सहपाठी जब विदेशों में अपनी समर ट्रेनिंग और एक्सचेंज प्रोग्राम की फोटो डाल कर हमारा जी जलाते तो मन करता कि पूछे उस महापूरूष से जिसने कहा था "डॉक्टर भगवान है" एक बार बन जाये तो लाइफ सेट हो जायेगी।

भगवान तो थे ही, शायद भावना रहित, इच्छा विहीन जीवन जीने वाले को तो भगवान ही कहेंगें। स्किल्ड लेबर प्रजाति वाले

भगवान, अचंभित न हो डॉक्टर को इसी श्रेणी मे वीजा मिलता है, शब्दशः अर्थ माने तो मजदूर। हाँ तो कहाँ हम मजदूर और वे वॉइट कॉलडर् कोई मेल ही न था, न फैंसी जीवन, न बातें न सर्किल न लाईफ स्टाईल। जब हमारे मित्र अपने विदेशी दौरे, हाई प्रोफाईल मीटिंग की बाते करते तो लगता अपना मुहँ बंद ही रखें।

क्या बताएं मलमूत्र से सनी दिनचर्या के बारे में । एक हम (स्किल्ड लेबर) फस्ट ईयर रेजिडेंट, दिहाड़ी के मजदूर, जिन्हे पहले ही दिन पचास-साठ सामानों की लिस्ट दे दी जाती थी। ऐसा सामान जो आपके अप्रोन की विशालकाय जेब में समाहित हो। आँधी आए या तूफान, आपका सीनियर यदि आवाज दे 'रेजर' तो रेजर शब्द खत्म होने से पहले जिन्न की तरह आपकी जादूई जेबों से रेजर निकल जाना चाहिए। सुबह 5 बजे इन्ही सामानों से लैस हम लोग झोला टागे अस्पताल पहुँच जाते। पूरे अस्पताल में भूत की तरह जगा कर सारे मरीजों के रक्तचाप नापते। दिन-रात दोपहर, हँसना खाना कब ये दिवारें खा जाती पता ही नहीं चलता? नाईट ड्यूटी की तो चर्चा ही न करें, जिस लकड़ी के पट्टे पर सामान्य डील-डौल वाला इंसान बैठ न सके उस पर हम पूरी रात सोने की चमत्कारी, अलौकिक शक्तियाँ हम रखते थे। वह बात अलग है कि सोना तो दूर बैठने का समय

भी न मिल पाता था। वो कहते है न 'मुश्किल वक्त, जवान सख़्त' सीमा के प्रहरी नही हम स्वास्थ्य के प्रहरी थे।

किन्तु यह मेरी कहानी नहीं, मेरा तो दुखड़ा है जो न चाहते हुए भी बीच में छलक जाएगा।

चलिए आते हैं मुख्य कहानी पर, क्योंकि कहानी भी परिस्थितियों जैसी कड़वी है।

कानपुर के शीतकाल की निस्तबद्ध रजनी, हवा में इतना प्रदूषण कि कोहरा और धुँआ मिलकर सांस लेना भी दूभर कर देते। बरसात ने राहत तो अवश्य दी कुछ, किन्तु उसके साथ चलने वाली ठण्ड हवाएँ शरीर गला देती।

इतनी सर्दी में जब सड़के वीरान होती, और कुत्ते भी गठ्री बन दुबक जाते, हम फर्स्ट ईयर रेसीडेंट उल्लूओं से भी अधिक सक्रिय और चौकन्ने हो जाते। मध्य-रात्रि (12) उपरान्त तो इन सरकारी अस्पतालों में गार्ड भी हम थे, आया भी, और जमादार भी। सरकारी नौकरी का आनन्द उठाते हुए सिस्टर, बुआ, रात में किस बिल में छुप जाती थी, हमें आज तक न पता चल पाया।

जितनी विपरीत परिस्थितियाँ उसी अनुपात में हम चैतन्य हो जाते, और जब सारी दुनिया व्यस्त हो तो अधिक प्रबलता होती कि कोई मरणासन्न मरीज आ जाएगा। प्राइवेट और सरकारी

अस्पतालों में स्टाफ छुट्टी पर हो तो तय है कि आपकी इमर्जेंसी उतनी ही व्यस्त होगी।

विशेषकर पर्व, होली, दीवाली, रविवार को तो पलक झपकाना भी कभी न संभव हो पाता। प्रसूति के दृव्यों को अबीर-गुलाल समझ और प्रसूता की चीखों से हम पटाखों का आनंद लेने में निपुण हो चुके थे। उम्र ही थी, जो संभाल ले जाती और भविष्य के चमकीले दिनों के सपने, जो इस वर्तमान को बाँध लेते (मिथ्या ही सही),

वह रात भी कुछ ऐसी ही थी, सौभाग्यवश गार्ड ड्यूटी पर था। रात के कुछ 2 बजे होगें, एक औरत चीखती हुई, व्हील चेयर पर आती दिखाई दी। मुस्तैद जवानों की तरह हम भी उसकी ओर लपके। साझा करने में अच्छा तो नहीं लगता पर हमारा पहला प्रश्न होता कि "बच्चा बाहर तो निकल रहा" बहन।

वह एक ऊँची कद-काठी की महिला थी जो शायद गर्भ के कारण पूरी तरह सूज-फूल चुकी थी। आकार विकार सूजन से बिगड़ गया था। आँखें धस गई थी, शरीर पोपला हो गया था और नाड़ी के नीचें का पेट लटक गया था। चलते-चलते ही मैनें उसकी नाड़ देखने के लिए-कलाई पर हाथ रखा, तो उसने मुझे अपनी ओर खींचा। एक क्षण को मै अवाक् थी।

लड़खड़ाते शब्दों से बोली "प्लीस मेरी गर्भ टेस्ट ट्यूब बेबी से है, यह किसी को मत बताइएगा', कहते हुए अपनी पिछली फाइल उसने मेरे झोले में डाल दी।

"इसे आप ही रखिए" कहते हुए वह बार-बार मूर्छित हो जाती। मैने मुड़कर देखा तो उसके साथ सगे-संबधियों का एक हुजूम था। उनके आपस में बात-चीत से प्रतीत हो रहा था कि मानों वे लड़ रहे हो। शायद लड़की के माता-पिता को उसकी स्थिति आज ही पता चली थी और उन्हें सीधे स्टेशन से अस्पताल आना पड़ा। प्राइवेट के सारे अस्पतालों ने जब हाई रिस्क प्रेगनेंसी कहकर रेफर कर दिया तब वह समझ गये कि मर्ज गंभीर है। माँ चुप थी और सहमी हुई थी। उसके पैर में शायद रॉड पड़ा था इसलिए रेंग-रेंग के चल रही थी।

ससुराल पक्ष आपस में खुसर-पुसर में व्यस्त था। वह निश्चिंत और सामान्य दिखाई पड़ रहे थे। दोनों ही परिवार संभ्रात और आर्थिक रूप से मजबूत जान पड़ रहे थे। मैं फाइल उलटने लगी और मेरी सहकर्मी 'अलका' चेक-अप करने लगी।

मरीज़ (नाम शुभि सिंह) का नवां महिना चल रहा था। गर्भ 'टेस्ट ट्यूब IVF द्वारा उपचार से ठहरा था, विवाह को दस वर्ष से अधिक हो चुके थे। पति-पत्नी की सहमति, दोनों के 'हस्ताक्षर' फाइल पर अंकित थे।

एक डॉक्टर की हैसियत से हमको मरीज़ की निजता रखने की सीख दी जाती थी और हम इस अपेक्षा के प्रति अत्यन्त संवेदनशील थे। मैंने भर्ती की सारी प्रक्रिया और केस की सारे बिन्दूएं फाइल में दर्ज कर दी थी। अलका ने मरीज का चेकअप भी कर लिया था।

सब कुछ अस्त-व्यस्त था उसके शरीर में, रक्तचाप 200 तक जा रहा था, नाड़ तेज और हल्की चल रही थी, इन्जेक्शन लगा कर तुरन्त हमनें रक्त नमूनों को जाँचों के लिए भेज दिया। 160 रक्तचाप के ऊपर फालिश पड़ने की संभावना बहुत बढ़ जाती है जो कि जच्चा/बच्चा के लिए जानलेवा साबित हो सकती हैं। हम ऐसे मरीजों को आपातकालिन उपचार देने में पारंगत थे।

नियमानुसार सिनियरस को मरीज के विषय में बताने के बाद हमने सारे इंजेक्शन लगा दिए। रक्तचाप थोड़ा गिरा, परन्तु बच्चे की धड़कन अभी भी अनियमित थी। ऑपरेशन कर बच्चे को निकालना, दोनों जच्चा-बच्चा की सुरक्षा के लिए आवश्यक हो गया था।

हमने ऑपरेशन की सारी तैयारियाँ कर ली। किन्तु पेशाब की नली डालने पर भी एक बूंद भी पेशाब नही आया। यह चिन्ताजनक था।

एक छोर पर इस सर्द रात में हम मरीज़ की जीवन-मृत्यु से युद्ध लड़ रहे थे। वहीं दूसरी ओर ससुराल-मायका पक्ष अलग ही दोषा-रोपण युद्ध में जुटा था।

जब हमने बताया कि तुरन्त ऑपरेशन करना पड़ेगा तो तुनक कर बोले। "बच्चे को तो कुछ नहीं होगा?

अभी रक्त का प्रंबद्ध करने की बात नहीं करी थी, अन्यथा, सब ही छट जाते। ऐसे देखते गोया हम कोई प्रेत-पिशाच हो। धन्य है किसी योजना के लाभार्थी नही थे।

किसी बंगाली बाबा से बवासीर का इलाज चल रहा था लड़के का। रक्त कैसे दे सकता था भला? मायके और ससुराल के सारे मतभेद ऐसी स्थितियों में उजागर हो जाते, भूली-बिसरी सारी बातें खोद निकाल ली जाती, और वर्तमान की दुर्दशा का सारा ठीकरा बहू की गलतियों पर सम्मान पूर्वक मढ़ दिया जाता।

दुर्दशा की परिभाषा कुछ भी हो सकती थी, ऑपरेशन करना पड़ रहा है, आक्समिक भाग-दौड़ करनी पड़ रही है। और यदि बेटी का जन्म हो जाये तो दुर्दशा की पराकाष्ठा समझिये।

"हमें तो एक इन्जेक्शन नहीं लगा, सब बच्चे घर पर हो गए। जैसे वाक्य सुने बिना मरीज ओ.टी. नहीं पहुँच सकता था।

इससे कोई सरोकार नहीं कि घर पर हुए उन बच्चों में कितने जीवित है? कितने स्वस्थ्य है और कितने मंदबुद्धि, किन्तु घर पर हुए है। यह निश्चित है एक उपलब्धि है। 20 साल बाद अब कूबड़ निकल-आया है या दाई की मार से बच्चेदानी बाहर आ गई है यह भी मायने नहीं रखता।

चलिये मुख्य कहानी पर आते हैं। मैनें शुभि सिंह की फाइल उसे वापस देने का प्रयास किया।

"आप ही रख लीजिए, बाद में ले लूंगी, कह कर पुनः मुझे ही दे दी। मैने पूर्व की सारी जाँचें, यहाँ तक की टेस्ट ट्यूब बेबी उपचार की जानकारी फाइल पर अंकित कर दी। निर्णय लिया गया कि तुरन्त ऑपरेशन से बच्चा निकालना पड़ेगा।

चिंताजनक था पेशाब का न आना, और रक्त चाप का न गिरना। भेजे गये रक्त नमूनों कि रिपोर्ट और भी भयावह थी, सारे मापक ऊपर-नीचे हो गए थे। मेडिकल भाषा में इसे हेल्प सिंड्रोम नाम दिया जाता है। 10 मिनट में मरीज ओ.टी. जाने के लिए सज गया। बेहोशक, बच्चे वाले डॉक्टर, अन्य ओ.टी. स्टाफ सब इकट्ठा हो गए। कितनी भी प्रतिकूल परिस्थितियाँ हो, आवश्यकता पड़ने पर प्रसूति विभाग के रेडिडेन्ट डॉक्टर जानवरों से भी अधिक निडर होकर, अंधेरे में मडराने लगते। भागते दौड़ते

आधे घंटे में सिसेरियन भी हो गया। ब्लड/प्लेटलेट/प्लाज्मा जो जान पड़ा लगाया जाने लगा।

ऑपरेशन पश्चात माँ को आई.सी.यू. और बच्चे को एन.आई. सी.यू. स्थानांतरित किया गया। स्थिति गंभीर थी पर आशा न टूटी। दोनों परिवारों के रवैये में अभी भी कोई फेर नहीं था। कभी डॉक्टरों को दोष देते, कभी सरकार को, कभी एक दूसरे को, माँ की सुध किसी को नहीं थी। पौत्र रत्न की प्राप्ति से अब सब ध्यान वहीं केन्द्रित था।

माँ को होश आ चुका था, किन्तु पेशाब अभी भी नहीं आ रहा था। तमाम रेफरेंस भेजे गये दूसरे विभागों में मेडिसन, गुर्दा विभाग अन्य बढ़े रक्तचाप और हेल्प सिंड्रोम के कारण गुर्दें 90 प्रतिशत फेल हो चुके थे। एक्यूट टी0एन0*, क्रोनिक अथवा परमानेन्ट हो रहा था, डायलिसिस भी किया गया पर किडनी की कुशलता का मापक 'शीरम क्रेटनीन कम नहीं हो रहा था।

जब तक शुभि प्रसूति विभाग में थी खबर मिल जाती, पर निरंतर डायलिसिस की आवश्यकता के चलते उसे मेडिसन विभाग में ही स्थानांतरित कर दिया गया। पश्चात उसके क्या हुआ?, कुछ पता नहीं चल पाया। कभी विचार आता अपने मेडिसन के साथियों से पूंछ लूं, किन्तु व्यस्ता के कारण समय ही नहीं मिल पाता।

मेडिसिन विभाग में अलका के शहर की एक मित्र पारूल, रेजिडेंट थी जिससे चलते फिरते कभी बात-चीत हो जाती, पर गुजरते समय के साथ वह भी कम हो गया।

हम अब अपने पी.जी. की आखिरी वर्ष में थे। मैं, अलका अपनी फर्स्ट ईयर रेजिडेंसी के दिनों को याद कर, पनिश्मेंट ड्यूटी आउट होना, कोल्हू के बैल की तरह जुताई, याद कर बहुत हँसते थे। अपने डिग्री की परीक्षा समीप थी। अलका ने बताया कि मेडिसिन विभाग में गुर्दा प्रत्यारोपण के विभाग का उद्घाटन हो रहा है।

वहाँ पहुचें तो भव्य तैयारियाँ चल रही थी। प्रदेश के मुख्यमंत्री, शहर के सभी प्रतिष्ठित, गणमान्य लोग उपस्थित थे। उन्होनें घोषणा कि की विभाग अत्यन्त आधुनिक उपकरणों एवं अनुभवी डॉक्टरों से सुसज्जित किया जायेगा। आखिरी वर्ष के रेजिडेंट होने के कारण मरीजों की सूची बनाने की जिम्मेदारी पारूल एवं उसकी टीम को दी गई। सहसा स्मरण हुआ कि शुभि सिंह का नाम सुझा दूँ, संयोगवश उसका फोन नंबर मेरे पास था।

हमारे पी.जी. के इम्तिहान समीप थे। इम्तिहान कठिन नहीं होता। कठिन होती है परिस्थितियाँ 70-80 प्रतिशत विवाहित होते है कुछ एक-आद के बच्चे भी हो जाते थे। नई-नई गृहस्थी की समस्याएँ और ऊपर से परीक्षा का प्रेत। फेल कम ही होते, पर जान पूरी निचोड़ जाती है।

आज परिणाम आ रहे थे, सारे पी.जी. रेजिडेंट्स उत्सुकतावश उस क्षण की प्रतिक्षा में थे जिसके लिए तीन वर्ष तपस्या की थी। पास होने की सूचना मिलते ही सब झूम पड़े, बहुत दिनों पश्चात पारूल मुख चिंतामुक्त दिखा। पाल की चाय का आखिरी बार स्वाद ले ही रहे थे कि दूर लड़के को गोद में लिए एक माता जी पर हमारी दृष्टि पड़ी।

अलका बोली 'अरे ये तो शुभि सिंह कि सास है न, पारूल? जिसके गुर्दे फेल होने के कारण हमने तुम्हारे यहां स्थानांतरित कर दिया था?

'हाँ' पारूल ने उत्तर दिया,

"तो क्या प्रत्यारोपण नहीं कराया इसने? अलका ने आगे पूछा अरे तुम लोग न ही जानो तो बेहतर, कितनी बार बुलाया, खर्चा भी नाम मात्र का था।

'फिर क्यों'? हमने जिज्ञासावश पूछा

पारूल निराशा पूर्वक बोली "इसके पति का मानना था कि इतने खर्च में तो डॉक्टर साहब हम नई पत्नी ले आयेगें।

सास भी बोली, देखिये मेरा बेटा कितना त्रस्त है, अस्पताल के चक्कर अब हम न लगा पायेगें। कोई सुःख ही नहीं बचा इसके जीवन में, सूख गया है

यह बात सुन, पास होने कि सारी खुश क्षण भंगुर हो गई इससे पूर्व हम कुछ समझ पाते वह स्वयं ही पोते को लिये सामने आ गयी और बोली।

"डॉक्टर साहब, पहचाना हमें, हम शुभि की सास हैं। पोते को टीका लगवाने आए थे तो सोचा आप को बधाई दे दें।

हम तीनों कुछ बोल पाते उससे पहले ही उसने हमारी शंशा दूर कर दी 'शुभि तो नहीं रही, क्या करते? इतना उपचार करवाया, ईश्वर को यही स्वीकार था'।

हमने भी उनकी बातों में हामी भर दी। कोई और चारा भी नहीं था। मेरे मुख पर वेदना और विद्रोह के भाव देखकर अलका ने स्थिति संभालते हुए बोला,'अरे कोई बात नहीं आंटी जी! अब आप ही इसकी माँ है।

कितना प्यारा है आपका पोता?

क्या नाम रखा है इसका?, **"वंश"**

गर्व भरे स्वर में उन्होने उत्तर दिया,

बिल्कुल उचित नाम चुना है आंटी आपने, अलका बोली

क्यों नहीं बेटा, इतने वर्षों बाद प्रभु की कृपा हुई है परिवार पर"

हमारा वंश है ये " साड़ी का पल्लू बांधते हुए वे बोली, अच्छा चलती हूँ "उज्जवल भविष्य के लिए मेरी शुभकामनाएं।

हम प्रतिवाद न कर सके, अविचल भाव से क्षण भर खड़े रहें।

अस्पताल से हॉस्टल तक, पूरे रास्ते दो वर्ष पूर्व के प्रसंग मेरे मस्तिष्क में चलचित्र की तरह क्रमवार चलने लगे । कैसे हाथ दबाते हुए अपनी फाइल मेरे झोले में डाल दी थी उसने। कमरे पर पहुँच कर हम सामान जमाने लगें।

रेजिडेंसी के तीन वर्ष पलक झपकते बीत गए पता ही न चला। चलों अब चले वापस "अपने गाँव अपने देश", मैनें अलका से कहा।

वह भी मुस्कुरा दी।

पर "इसका क्या करें" मैंनं उससे पूछा ?

किसका, क्या करे? वह बोली

मैने अलमारी से फाइल निकालकर अलका को दी" शुभि सिंह "आई. वी. एफ. कंसीव्ड प्रेगनेंसी डोनर स्पर्म एजुस्पर्मिया"

क्या बोलती वह?

यहीं छोड दूँ- मैंने अलका को झकझोरते हुए कहा

आग लगा दें वह बोली।

*वह स्थिति जहाँ पुरुष के शुक्राणु न होने की स्थिति में शुक्राणु डोनर से लिये जाते है।

महिलाओं को कम मिलते है आर्गनः विश्व स्वास्थ्य संगठन

राष्ट्रीय अंग एवं ऊतक प्रत्योरोपण संगठन (एन.ओ.टी.टी.ओ.) के निदेशक डॉ. अनिल कुमार ने कहा, "देश में कुल अंग दान में से 90 प्रतिशत जीवित दाता महिला दाता होती हैं"

आंकडें:-

- किडनी जहां 70 प्रतिशत पुरूषों की प्रत्यारोपण हुई, वहीं सिर्फ 30 प्रतिशत महिलाओं को डोनर मिल पाते हैं, प्रत्येक महिला के मुकाबले चार पुरूषों का प्रत्यारोपण हुआ।

- 2021 में एक्सेरिमेंटल एंड क्लिनिकल ट्रंसप्लांटेशन जर्नल में प्रकाशित एक पेपर ने देश में भारी लैंगिक असमानता पाई गई। गुर्दा दान करने में 86 प्रतिशत हिस्सेदारी महिलाओं की (पी.जी.आई. की रिपोर्ट अनुसार इसमें 58 प्रतिशत पत्नी, 22 प्रतिशत-माँ 4 प्रतिशत बहन,)

- जीवन मूल्य के मापदंड एक स्त्री/पुरूष में भिन्न है। विशेषज्ञों का कहना है कि यह बड़ा अंतर सामाजिक दबावों और अंतर्निहित प्राथमिकताओं के कारण था।

- जो महिलाएं अंग प्राप्त करती हैं, वे दोषी महसूस करती हैं यदि उनके परिवार के सदस्यों को उनके लिए अंग दान करने पड़ते हैं और वे उन्हें अपने परिवार से लेने से इनकार करते हैं।

POCO M4 5G I RD
21/10/2023 17:48

डायन

नपुंसकता अभिशाप नहीं। कौन नपुंसक नहीं है ? ईश्वर मानव को निश्चल, एंव सरल हृदय से धरती पर जन्म देता हैं। किन्तु जीवन के चक्र में लोभ, स्वार्थ एंव महत्वकांक्षाएं इस शरीर में घर कर लेती है और हमारी नैसर्गिक बनावट को समाप्त कर हमें मोह, माया में लिप्त कर एक कठपुतली बना देती है। हाँ कौन नपुसंक नहीं? क्या इन्द्रियों, धमिनियों, कोशिकाओं और हर क्षण फड़कते हृदय मात्र का होना हमें जीवित की श्रेणी में ला देगा?

सर्वोपरि एंव सर्वश्रेष्ठ है मस्तिष्क, और जब मस्तिष्क सेवक हो, आधिन हो तो शरीर जड़ हो जाएगा। हास्यास्पद है किन्तु मुझे प्रकृति ने जड़ बनाया, एक जड़ एंव नपुंसक दीवार मुझे अपनी जड़ता से प्रेम था, किन्तु समय के साथ इस प्रसवकक्ष ने मानो मुझमे प्राण फूँक दिए थे।

संवेदनाओं और भावनाओं से वंशीभूत हृदय कराहने लगता। चेतना का अनुभव दुर्बल कर देता, जड़ होकर भी मैने जीवन के बदरंग और बेरंग मौसम देखे थे। इस अस्पताल में मेरे भाई बन्धु अनेक दीवारें थी किन्तु दुर्भाग्य वश मेरी आँखों ने कभी किलकारियाँ नहीं सुनी।

इस कमरे ने मातृत्व को दम तोड़ते देखा था, उम्मीद और आशाओं को मृत पड़ते देखा, यह कक्ष गर्भ की उस दुःखद बदसूरत तस्वीर से साक्षात्कार करता जो अप्राकृतिक एंव अमानवीय थी।

गर्भपात शब्द ही कितना अप्राकृतिक है उतनी ही अप्राकृतिक थी वह लड़की पिछले एक साल में चौथी बार आयी थी। उसे देखते ही अस्पताल में कर्मचारी बुद बुदाने लगते । अपशब्दों एंव अवहेलनाओं से उसका स्वागत होता । चरित्रहीनता की प्रतिमूर्ति थी वह सबके लिए ।

"डायन है देखो। माँ बाप की कोई चिन्ता ही नही है"

"निर्लज्ज है आजकल की लडकियाँ, अरे ऐसी लड़की को जनने से अच्छा की मर जाएं"

उस काली लड़की के भूत भविष्य पर सब चर्चा कर लेते किन्तु वह बुत बनी रहती, शून्य में ताकती और मुँह से एक शब्द भी न निकलता।

यह भयानक और भयावह दृश्य देखने की जैसे आदत हो चुकी थी। इस कक्ष में एक अमानवीय क्रिया अत्यन्त प्रोफेशनल तरीके से अंजाम दिया जाता। इस कक्ष में प्रस्तुत हर व्यक्ति संवेदनाहीन हो चुका था। वे जो इस भ्रूण को संसार में न आने का

निर्णय कर चुके थे। वह डाक्टरनी जिसको कानून और कार्यक्षेत्र यह करने की इजाजत देता था, और मैं एक दीवार जो एक मूक दर्शन से अधिक कुछ न था।

किन्तु क्या वह भ्रूण भी आत्माहीन था? कौन वेद पुराण यह तय करेगें कि इस बीज में आत्मा कब प्रवेश करती है? विज्ञान कहता है दूसरे महिने में हृदय फड़कने लगता है, वेदों की माने तो पाँचवे महीने। एक नपुंसक दीवार होकर यह बाते करना मुझे शोभा न देता था । किन्तु दुःख तो यह था कि मुझे वह दिख रहा था जो कोई न देख सकता था, न समझ सकता था और मैं उस पीड़ा का अनुभव करने लगता।

"उस नन्हे बीज को मैं बिट्टी कह कर बुलाता, कक्ष में आने से पूर्व सब कुछ सामान्य चल रहा था। सहसा बल्ब की तीव्र रोशनी योनी के मार्ग पर पड़ती और बिट्टी सिहर उठती। स्वछन्द और स्वतन्त्र तैरने वाली बिट्टी को किसी अनहोनी का अंदेशा हो चुका था। वह सहम कर गर्भ के कोने में छिपने का प्रयास करती इस बात से अनभिज्ञ कि यह आरामगाह अब उसकी मृत्युगाह बन चुकी है। गर्भ जो दास है अपने स्वामी के आदेशों का, जिसका अपना कोई वर्चस्व नहीं है।

किन्तु भला छिप कर वह जाती कहाँ ? औजारों के पहले वार से उसका सुरक्षाकवच (पानी की थेली) फूट जाती. उसका दम

घुटने लगता, साँसे टूटने लगती और हृदयनाड़ तेज हो जाती। वह बदहवास होकर शिथिल पड़ जाती। जीवन मृत्यु के इस युद्ध में, इच्छा अनिच्छा के इस द्वन्द में, अनिच्छा की जीत होती और छल कपट के सामने जीवन पराजित हो जाता।"

सब के पास अपने कारण थे, अपनी प्रथमिकताएं थी। वह अनचाहा बीज किसी क्षणिक सुःख, लालसा, लापरवाही की उपज से अधिक कुछ ना था। इस भागदौड़ भरी जिन्दगी में सब मुक्ति पाना चाहते थे। मुक्ति नही निजात, हाँ निजात ही उचित शब्द है।

एक विशेषता थी, जन्म में चाहे न सही, गर्भपात की इस प्रक्रिया को अंजाम देने में एक पुरूष अद्वितीय प्रेम का प्रर्दशन करता। वह दोस्त से राय लेता, दुकान से दवा लेकर अपनी प्रियतमा के मुँह में ठूंस देता।

मोहल्ले की औरतें नितनये तरीको का अविष्कार करती, किसी की जेठानी सिरका पिला देती, तो कभी पास की मौसी मदार के बीजढूँढ लाती। अजब देश की अजब कहानी, यहाँ धर्मार्थ कार्यों आदि में साथी मिले ना मिले. कुकत्यों के सहभागी कहीं भी मिल जाते है। मेडिकल स्टोर पर क्रोसिन हो न हो, गर्भपात की दवाईयां किसी डायपर से भी ज्यादा सुलभ है, जिसको ना डाक्टरी पर्चा चाहिए था न सलाह।

किन्तु जहाँ तक इस काली लड़की की बात करें तो वह हर मायने से विचित्र थी। इस सरकारी अस्पताल में आने वाली अधिकांश महिलाएं युवतियाँ एक तवके की होती थी। अभावग्रस्त जीवन से झूझती हुई, जिनके शब्दकोष में स्वास्थ्य और सुःख शब्द था ही नही,

अधिकतर महिलाएं, वेदना एंव पीड़ा में चिल्लाती कराहती रोतीं, कुछ एक तो हिंसक हो कर नर्स एंव डाक्टर पर हाथ पाँव भी चला देती। सरकारी अस्पताल में बेहोशी के डाक्टरों का अमूमन अभाव रहता था परिणाम स्वारूप प्रायः गर्भपात की यह प्रकिया बिना बेहोशी के कर दी जाती।

डाक्टरों, नर्सों का अभाव, समय का अभाव मरीज भेड़-बकरियों की तरह गिरते चीख-चिल्लाऐं के बीच सब आम ही चुका था । किन्तु यह लड़की बुत बनी रहती। बिना किसी क्रिया-प्रतिक्रिया के कठपुतली की तरह लेट जाती, इन्जेक्शन लगवा लेती, दवा खा लेती। मानो पूरी तरह से अभयस्त हो चुकी हो, शरीर इन्जेक्शन के घाव से सूज चुका था नीचे का भाग औजारों से छलनी हो चुका था। जब भी वह आती पूरा कमरा एक अजीब दुर्गन्ध से दूषित हो जाता । इस बार डाक्टरनी के धैर्य का बांध टूट चुका था। वह भी क्या करती मानव शरीर की जानवरों से भी अधिक दुगति कब तक देखती ?

डाक्टर, नर्स उससे अनेकों प्रश्न करते पर वह किसी का उत्तर नही देती थी। स्टाफ की बातों से मैनें यह अनुमान लगाया कि लड़की के बाप ने शायद सबको यह बताया था कि लडकी अपनी मर्जी से दूसरे धर्म के लड़के के साथ बिना ब्याहे ही रह रही थी। डाक्टरनी पढ़ी-लिखी होने के साथ अनुभवी भी थी। वह अनेक प्रश्न करती इस विषय में,

"तुमसे कोइ जबरदस्ती तो नही करता गुड़िया"?

तुम्हे किसी प्रकार की सहायता तो नही चाहिए ?

"अरे छोड़िये मैडम" बात काटते हुए सुमन नर्स बोली । आजकल की लड़कियों को आप नहीं जानती? किसी को भी मान सम्मान की चिन्ता नहीं है। देखतें नही हम अपने मुहल्ले में, तितली बन उड़ा करती है सुबह-शाम । कौन सँभाले इन्हें ?

डाक्टरनी कुछ ना बोली, निश्चित ही उसे कुछ ऐसा दिख रहा था जो असामान्य था। कुछ खटक रहा था उसे, कभी बाप को डाटती, तो कभी स्टाफ पर गुस्सा फूट पड़ता । लडकी का बाप मलिन बस्ती में रहने वाला दिहाड़ी का मजदूर था। ऐसा लगता था, जो कमाता था वह शराब गाँजे में फूंक देता।

"मैडम इससे दूर ही रहिए" सुमन नर्स ने डाक्टरनी को आगाह करते हुए कहा,

"रोज सुबह चिल्लम फूकता है और शाम होते ही ठेके पर बैठ जाता है" हाँ आश्चर्य है पत्नी ना दिखी इसकी कभी ? मैडम हमारे घर से दो गली छोडकर ही रहता है। घर के आगे बाड़ लगी है।

महीने बीत रहे थे, समय कट रहा था, कुछ भी नयापन नहीं था जीवन में प्रतीत होता अस्पताल को कोई सहायता मिली थी, या कोई बड़ा अफसर निरक्षण पर आ रहा होगा। मेरी भी चुना पुट्टी हो गई। रक्त और अनयंत्र शरीर के स्त्रावों से मुझ पर एक मानवीय परत चढ़ गई थी, साल-दो साल पर चूना उस परत को हटाने और मेरी नपुस्कता का आभास दिलाने के लिए आवश्यक था।

छः महिने से अधिक हो चले थे, वह काली लड़की नही आई ।

चर्चा भी नही करी किसी ने

"अखिर कौन सुध लेता उसकी"

जितने कम मरीज हो उतना ही बेहतर

अनायास एक दिन डाक्टरनी पूछ पड़ी अरे वह नहीं आई सुमन ??

उनके मुख और भाव में चिन्ता स्पष्ट थी,

अरे मैडम न ही आए कर्मजली अपने कुकमों में हमें भी बेवजह पाप का भागिदार बना रही है।

डाक्टरनी सन्तुष्ट नही लगी सुमन के उत्तर से, वह किसी और ही उधेड़ बुन में लगी थी।

रूंधे गले से बोली!

"ईश्वर रक्षा करे और सब असमंजस में थे, सुमन भी।

पूरे प्रदेश में शीतलहर चल रही थी सूर्य देवता के दर्शन हुए हफ्तों हो चलें थे पूरे वातावरण में कचोट देने वाली मनहूसियत थी। हाड़-कपा देने वाली ठंड ने सबको उर्जाहीन कर दिया था।

सहसा देखा तो पिछले दरवाजे से दौड़ते हुए सुमन नर्स भीतर आई और बोली मैडम, आज का अखबार पढ़ा अपने? मैडम,

क्या हुआ दीदी? तुम ही पढ़ लो सफाई वाली बुआ बोल पड़ी, मै देख सकता था। अखिर सुमन पढ़ने लगी।

"बाप और भाई मिल कर रहे थें दुराचार, संग्दिध हालात में मिला लड़की का शव। रोगंटे खड़े कर देने वाली यह घटना अपने ही शहर के करीमपुर कस्बे की है। जब

किसी अज्ञात व्यक्ति की शिकायत पर पुलिस ने छापा मारा तो पता चला। यह सिलसिला 2 साल से चल रहा था। निकटस्थों से मिली जानकारी के अनुसार किसी तांत्रिक के वश में आकर पिता और पुत्र लड़की के साथ

यह घृणत कार्य करते थे। माँ की भी मौन स्वीकृती थी। लड़की की सड़ी लाश के पास से सिरक के बड़े-बंड़े पीपे भी बरामद हुए हैं। दोनों आरोपी फरार हैं। इन्सानियत को झकझोर देने वाली इस घटना से आसपास सब लोग सकते में हैं,"।

कमरे में उपस्थित सभी स्तब्द थे, लिखा तो आगे बहुत थे पर सुमन रूक गई, गला भर गया और श्वास गहरी हो गई।

"सुमन एक स्त्री का शरीर वह सारे उत्र दे देता है जो स्वर नही दे पाते। निःशब्द पीड़ा और वेदना की कहार बहुत तीव्र होती है, वे घाव नहीं दिखते, वह मरी नहीं सुमन, मुक्त हो गई

"मैडम पुलिस को फोन आपने ही किया था, न ? सुमन बोली

एक रहस्यपूर्ण निश्वास छोड़ते हुए, आला उठाए डाक्टरनी चली गई

देश के 67 प्रतिशत गर्भपात असुरक्षित

आंकड़े:-

- आठ भारतीय महिलाएं रोज अबॉशन की वजह से जान गवांती हैं।

- 59 प्रतिशत अविवाहित महिलाएं दूसरी तिमाही में गर्भपात कराती हैं

- इनमें से 9 प्रतिशत महिलाएं कॉलेज जाने वाली होती हैं।

कानूनः-

- धारा 313/314 के अर्तगत स्त्री की सम्मति के बिना गर्भपात कारित करना

- गर्भपात के आशय से किए गये कार्यो द्वारा स्त्री की मृत्यु होना

(दोषी पाये जाने पर 10 वर्ष तक का कारावास और जुर्माना हो सकता है।)

क्योंकि

क्योंकि मेरी भवनाओं से महत्वपूर्ण मेरे लक्ष्य हैं।

क्योंकि मेरे लक्ष्य से महत्वपूर्ण मेरे दायित्व हैं

क्योंकि मेरे कल से महत्वपूर्ण मेरा आज है। मैं प्रतिबद्ध हूँ, जब भी जहां भी,

सूक्ष्म शब्दों में और विस्तृत विचारों में, नारी की यही परिभाषा थी।

उसका कोई भी नाम हो सकता था, नाम महत्वपूर्ण नहीं, महत्वपूर्ण थी उसकी कहानी साहस, वीरता, पराक्रम की नहीं, अपितु एक निःस्वार्थ कर्तव्य पराणता की।

मेरे लिए देश के प्रसिद्ध कैंसर अनुसंधान में कार्य करना सौभाग्य था। परन्तु वहां प्रतिदिन दिखा रहे दो हजार मरीजों के लिए नहीं, उनके लिए हर क्षण एक युद्ध था। एक ऐसा युद्ध जिसमें कुछ भी उनके हाथ में नहीं था। प्रश्नावली ईश्वर लिख चुके थे और उत्तर पुस्तिका पर डॉक्टर को मुहर लगानी थी।

घर से दूर रहने के कारण, प्रायः पिताजी हाल-चाल ले लिया करते अमूमन, उनका फोन सांय ही आया करता। इसलिए अटपटा लगा जब दोपहर में उन्होंने कॉल किया।

"बेटा" वे बोले

हां पापा, मैंने उत्तर दिया

"वह गांव की आशा बुआ याद है, मेजा गाँव वाली, ग्रामीण पृष्ठभूमि होने के कारण हमारे अधिकतर रिश्तेदार अभी भी वहां थे, और स्वास्थ्य सबंधी किसी भी जानकारी एवं उपचार के लिए मुझसे ही संपर्क करते।

बवासीर से लेकर भगंदर तक, मोतियाबिन्द से गठिया तक मुझसे ही राय मांगी जाती। उनके लिए मै सर्वज्ञानी सर्व विदूषी, महिला थी मैत्री से कम न ही जिस पर वह सदैव गौवान्त्रित होते। पद्धिति कोई भी हो? विद्या कैसे भी हो उनके अनुसार मुझसे अछूता कुछ ना था। कुछ एक वीर-सहासी तो बछिया और बैल की गलघोंटू का इलाज भी मुझसे पूछ बैठते? कुछ क्षण के लिए गर्व होता, मेरा ही सौभाग्य किसी भी रूप में यदि उनकी सहायता कर सकूं।

"हाँ पिताजी! क्या हुआ मेजा वाली आशा बुआ का ? अपने भाव से मैंने दर्शाया कि मानों मेजा वाली बुआ मेरी बड़ी घनिष्ठ थी।

"उन्होने कहीं ऑपरेशन कराया था बच्चेदानी का उपरान्त उसके किसी न बताया है, टुकडे में कैंसर के बीज निकले हैं" उन्होंने कहा

मेडिकल की दुनिया में नित-नए शब्द सुनाई पड़ते थे।

"एक्स-रॉसाउण्ड"/हिस्टेफनी जैसे स्वनिर्मित अटपटे शब्दों के हम आदि हो चुके थे।

"हाँ तो वह आज तुम्हारे अस्पताल आयेगी, सारे कागज पत्तर के साथ, देख लेना जितना संभव हो अब हम तो कुछ कर नहीं सकते इतनी दूर से"। पिता जी ने बताया

उनका मेरे प्रति विश्वास मुझमें एक अलग ही ऊर्जा का संचार कर देता और मेरा समर्पण बढ़ा देता। थोड़ी देर बाद आशा बुआ आ गई। आधे-आधूरे कागजों और रिपोटों के आधार पर उनकी डाइग्रोसिस बनाना कठिन था।

किन्तु हमारे लिए नया न था। इस कैंसर संस्थान में आने वाले 70 से 90 प्रतिशत मरीज इसी प्रकार के थे। ये दस-बीस अस्पतालों में दिखा चुके होते थे। हमें इनको कैंसर के विषय में अधिक ज्ञान देने की आवश्यकता न पड़ती थी।

वह अस्वीकार्य चरण से ऊपर उठ चुके थे। जिनके लिए कैंसर किसी पूर्व जन्म का क्षाय था। अधिकतर को यह सत्य स्वीकार

करने में अनेक साल लग जाते और तब तक देर हो चुकी होती । कैंसर उनके शरीर में पूरी तरह घुसपैठ बना चुका होता और संपूर्ण अंग प्रणाली का अवहरण कर चुका होता।

जो हमारे प्रथम दृष्टा हों, ऐसे विरले ही थे।

आशा बुआ की स्थिति पर टिप्पडी करना कठिन था। उपचारों के इस भंवर में, दवाइयों के इस चक्रव्यूह में सिर से पाव तक डूबी होकर भी मुख पर न कोई भय का भाव था, न चिन्ता, चित्त शान्त था, और स्वर स्पष्ट।

मुझे देख कर एक प्रसन्नता की लहर दौड़ जाती उनके शरीर में, इस प्रसन्नता का कोई सरोकार वर्तमान स्थिति नहीं था। सहज ही खुश हो जाती। अपने गाँव की लड़की को इस स्थान पर बैठा देख उपजा गर्व उनके चेहरे पर स्पष्ट दिख रहा था। अपने मर्ज से अधिक मेरा कुशल-क्षेम लेने में उनकी रूचि थी।

क्यों बिटिया? वे बोली

घर से दूर रहना तो कठिन होगा?

भोजन तो समय पर मिल जाता है न,

कितनी दुबला गई हो?

सूरन के लड्डू लायी हूँ तुम्हारे लिये। आखिर बार मनोज के लड़के के मुंडन पर दिखी थी।

कितनी चिंताएँ थी उन्हें? अपने को छोड़कर सब चिंता,

आशा बुआ की अनन्त किस्सागोई खत्म होती नहीं दिखती थी। उन्हें यह हर्ष था कि दूर देश अपने गाँव की लड़की मिल गई है। अपनत्व और आत्मियता से परिपूर्ण बुआ पूरे अस्पताल में चहक रही थी। दूसरी तरफ मैं उनके रिपोर्टों और फाइलों के महासागर का निचोड़ निकाल रही थी। अपने विभागाध्यक्ष से चर्चा करने पर निर्णय हुआ, कि पहले ट्यूमर के आकार और फैलाव को कीमोथेरिपि से छोटा किया जाएगा, उपरान्त उसके आपरेशन संभव हो जाएगा।

गुजरात कैंसर संस्थान मेरे स्मृति पटल पर ही नहीं मेरे व्यक्तित्व का भी भाग बन चुका था। यहाँ बिताए दो वर्ष में फेलोशिप कि डिग्री प्राप्त करना तो उद्देश्य था किन्तु शायद जीवन के दार्शनिक एवं आध्यात्मिक साक्षरता के लिए भी ये आवश्यक था।

और फिर क्या था? किसी भी प्रकार का परामर्श अर्थहीन था।

"बुआ आपकी कीमोथेरिपि शुरू होनी है, एक महिनें में।

यह अमुक बीमारी है, यह अमुक इलाज है। मैनें समझाने का प्रयास किया।

अरे बिटिया जितने दिन लिखे होंगे भाग्य में उतने कट जाएगें, वे बोली,उनके लिए सारी समस्यों का निदान आवश्यक था, महत्वहीन है तो स्वयं का शरीर । शब्द गलत होगा किन्तु अनेक प्रजाति की महिलाएं देखी थी। यह भी हो सकता है कि जीवन के हर पड़ाव पर स्त्री का रूप भिन्न होता हो ।

किन्तु संरचना से कौन लड़ पाया है। अंग्रेजी में एक किताब पढ़ी थी, Men are from mars, women are from, venus. कुछ तो भेद था, इतनी संवेदनहीनता अपने स्वास्थ्य के प्रति, क्यों? इसकी उपज जन्म से होती है या सामाजिक दुष्प्रभाव खेल करता है, कहना कठिन है। कुछ भी हो यह उचित नहीं, कदापि नहीं।

"कोई नहीं बुआ, मैं स्मरण करा दूंगी। आप यह जाँचं करा लेना, कीमोथेरिपि की तारीख के लिए, मै फोन कर दूंगी"।

कुछ दिनों से वार्ड में बहुत हलचल भी थी। इतनी गहमागहमी से मैं, अछूती न थी। ऑन्कोलॉजी के वार्ड में इस प्रकार का उत्साह कम ही दिखता था। जान पड़ा कि वार्ड-3, 13 नंबर मरीज की सगी लड़की आकर्षण का केन्द्र बनी हुई है। दूसरी यूनिट में थी, अतः मुझे जानकारी कम थी। आश्चर्य तब लगने लगा, जब वार्ड ब्वाय तो छोड़ साथी 'मेल डॉक्टर' भी वहाँ मंडराने लगे। काम

से भागने के लिए नित नयें बहाने ढूंढ़ने वाले सफाई कर्मचारी भी समय से पहले झाड़ू पकड़ लेते थे।

अचानक ही वार्ड, विशेषकर टॉयलेट भी साफ दिखने लगे थे। और न चाहकर भी इच्छा हुई कि मिलूं, देखूं माजरा क्या है? कौतूहल का कारण क्या है? ये माधुरी कौन है? विपरीत इसके कि वार्ड दूसरी यूनिट का था, मै जा पहुँची।

सौ मीटर दूर से ही दृष्टि जैसे थम गई। वार्ड तो दूर, पूरे अस्पताल में उसके मेल का कोई नहीं दिखाई पड़ता था। उसकी मुखकांति दर्शनीय थी, इतना आकर्षक व्यक्तित्व बहुत दिनों बाद देखा था। अनुपम ओज और लालिमा से अभिभूत उसके, शरीर में नुक्स निकालना कठिन था।

निःसंदेह कुछ लाली-श्रृंगार अधिक किया था उसने, लेकिन अद्भुत सुंदरता की स्वामिनी थी वह लड़की, उम्र कोई 24-25 वर्ष होगी। सिनेमा जगत की माधुरी से किसी दृष्टि में उन्नीस नहीं थी।

उसका अपनी माँ के प्रति समर्पण भी सबको चकित कर देता। बिना नागा किए माँ का इलाज करा रही थी, डॉक्टरों की सलाह का नियमबद्ध क्रियांव्यन कर रही थीं।

संयोगवश उस यूनिट की SR वार्ड में मिल गयी। मेरे चेहरे की चमक देखकर वह कारण समझ गई।

"बहुत एडवांस केश था अम्मा का", पर चमत्कार से कम कुछ नहीं?

वह बोली!

सर्जरी हुए दो साल बीत चुके हैं। कीमोथेरिपी का ऐसा रिस्पांस तो पहले देखा ही नहीं। लड़की हर तीन महिने पर रूटीन चेकप के लिए आती है।

ट्यूमर बोर्ड में भी इसी केश पर चर्चा हुई। कैंसर का इलाज मरीज और परिवार को छिन्न-छिन्न कर देता है। सत्तर प्रतिशत केश में हम भी स्वयं को असहाय और हौसला-पस्त पाते हैं।ऐसे केश ही हमारे प्रयासों और भावनाओं का ढढ़ास बांधते है कि "ईश्वरीय शक्ति आपके कर्मों की अवहेलना नहीं होने देती" आस्था टूटने नहीं देती, कहीं न कहीं एक महीन डोर आपको संभाल लेती है।

साथ ही प्रसूति विभाग की दीवार लगी थी और जब हम नवजात शिशु की किलकारी सुनते तो प्रभु की माया के आगे नतमस्तक हो जाते और सुमित्रानन्दन पंत कि ये पंक्तियां स्मरण हो जाती।

खोलता इधर जन्म लोचन,

मूंदती उधर मृत्यु क्षण क्षण

अभी उत्सव ओ हास.उल्लास

अभी अवसाद अश्रु उच्छवास

अच्छा लगा आज के ट्यूमर बोर्ड में, जैसे कुछ सकारात्मक तरंगो का संचार हुआ हो शरीर में ।

सुबह कुछ खुशगवार लग रहा थी । तभी ध्यान आया बुआ नहीं आई कीमोथेरिपी लिए। फोन करने पर फूफा का वही पूराना रोना, टेपरिकार्डर की तरह शुरू हो गया, "अरे बिटिया, बस क्या बतांए रिंपी का गौना करना था, फिर सोच रहे थे बस धान कट जाए" वे बोले

"अरे फूफा धान कटता रहेगा, तुम आओ बुआ को लेकर" मैने समझाने का पुनः प्रयास किया

"चलो बिटिया देखते है" कह कर उन्होने फोन काट दिया।

भारत देश में "देखते है" वाक्य प्रायः असमर्थता का बोधक होता है, उस परिस्थिति में जब व्यक्ति लिहाज के चलते 'न' नहीं बोल पाता।

कुछ महिने बीत गए, आज विश्व दिवस कैंसर है। एक दिन ही सही कैंसर को इतना ध्यान मिल जाता कि साल भर कि

भरपाई हो जाये। सुबह समाचार पढ़ना, भानूमति का पिटारा खोलने से कम नहीं होता। आसार कम ही थे, कुछ सुखद या सकारात्मक खबर पढ़ने को मिलेगी। किसी ने ये तीर मार दिया तो किसी ने ये अविष्कार कर दिया, ऐसी वीर गाथाओं से पूरा अखबार भरा था। उन पर टिप्पणी करने वालों की संख्या भी कम न थी। छटपटाहट होने लगती यह सोचकर कि क्यों आज भी भारत में कैंसर मरीजों का प्रतिशत विश्व के अग्रणीय देशों में है।

कौन दोषी है सरकार,समाज,समय या स्वयं हम?

तिलमिलाकर मैंने अखबार एक किनारे रखा और अस्पताल की ओर निकल ली। फिर वहीं कागजों का माया जाल, फिर वहीं तोते की तरह रटा-रटाया गाना "बेन तुम्हारी छल्ली रिपोर्ट कियां छे? कुछ सुखद पल मिलते तो जी0सी0आर0आई0 की कैंटीन में। "स्वादिष्ट भोजन, मधूर संगीत की तरह होता है जो आपको कुछ क्षणों के लिए सब भूला देता है।

मंगूरे और सेवपूरी के स्वाद की खुमारी लेते, मैं नीचे ऊतर रही थी तो देखा बाएं ओर से वार्ड वाली वही सुंदर लड़की अपनी अम्मा को लेकर नीचे जा रही थी। अम्मा की वील-च्येर खीचने वाला वार्ड ब्याय भी इतना प्रफुल्लित था मानों उसकी अम्मा नहीं, सास हो।

सहर्ष ही बोल पड़ा "अम्मा की छुट्टी हो गई है, अम्मा ठीक हो गई हैं।

साथ लड़की ने जोड़ा "आप अल्ट्रॉसाउंड देखिए मैडम"

"हाँ, हाँ" सत्य ही, किसी चमत्कार से कम नही, जैसे उस शरीर में कैंसर कभी था ही नहीं। रिपोर्ट देख ही रही थी कि फोन घन-घनाने लगा।

उधर से आवाज आई "बिटिया बुआ नहीं रही

क्या फूफा? मैने हडबाडाते हुए पूछा,

हाँ अरे क्या बताँए, सब अचानक से हो गया। अच्छी भली रात में रोटी बनाई, हम सबने खाई, बछड़े को चारा डाली बुआ फिर......

"अचानक से", कह कर फूफा रूक गये।

GCRI
+GCRI+

क्या उत्तर दूँ इसका, और शायद क्यों ही दूँ? मैंनें सोचा

"ध्यान रखिए" बोलकर मैने फोन काट दिया।

सामने देखा तो छोटू वार्ड ब्याय अम्मा को गेट पर ऑटो में बैठा रहा था। जाते समय उस सुंदर लड़की ने छोटू की मुट्ठी में कुछ धर दिया।

क्यों छोटू क्या है? मैनें छोटू से पूछा?

सकुचाते हुए छोटू ने मेरी तरफ मुट्ठी खोली

देखा "100 रूपए का नोट था"।

अब वापस न आएगी तुम्हारी अम्मा मैने चुटकी लेते हुए कहा, तुम्हारी माधुरी दीक्षित से बहुत दोस्ती हो गई थी न।?

खैर तुम ही चले जाना,

छोटू तुरन्त हाथ झटकते बोला "उसके यहाँ **रेड लाइट एरिया** में?? मैडम जी, वहां जाऊंगा मैं?

"मैम आप नहीं जानती ये माधुरी, देवदास की माधुरी दीक्षित है!

क्या, मैं निःउत्तर थी।

> भारत की 69 लाख महिलाओं को कैंसर से बचाया जा सकता था
>
> भारत में 23 प्रतिशत महिलाओं की मौत सर्वाइकल कैंसर से होती है-
>
> –लैंसेट की रिपोर्ट

कैंसर केयर में निश्चित रूप से एक लिंग आधारित पहलू है। महिलाओं में, विशेषकर समाज के गरीब तबके में, स्वास्थ्य देखभाल बहुत कम है। महिलाओं का इलाज प्राथमिकता नहीं है। यही कारण है कि उनकी हालत पुरूषों से भी बदतर होने की संभावना है।

–नई दिल्ली स्थित अखिल भारतीय आयुर्विज्ञान
संस्थान प्रोफेसर के अनुसार

आंकड़े:-

- लैंसेट कमिश्न की रिपोर्ट 'Women, Power and Cancer' 2020 के आंकड़ों से पता चलता है कि प्रति एक लाख की आबादी में से 94.1 पुरूषों और 103.6 महिलाओ को कैंसर होता है।

- रिपोर्ट में प्रकाश डाला गया है कि भले ही पुरूषों में कैंसर का खतरा अधिक होता है, लेकिन महिलाओं में कैंसर के मामले

और मृत्यु दर अधिक है। वैश्विक स्तर पर, कैंसर के नए मामलों में 48 प्रतिशत और कैंसर से होने वाली मौतों में 44 प्रतिशत महिलाएं शामिल हैं। ऐसा तब है, जब महिलाओं में होने वाले कुछ कैंसर (जैसे-स्तन और गर्भाशय ग्रीवा के कैंसर) अधिक रोकथाम योग्य और उपचार योग्य होते हैं।

एशिया में सबसे अधिक सर्वाइकल कैंसर केश भारत में पाये जाते हैं

1. हर 8 मिनट पर एक मृत्यु और हर दिन 220 महिलाओं की सर्वाइकल कैंसर से मृत्यु होती है।

2. 80 प्रतिशत केश तीसरी स्टेज में डॉयग्रोस होते हैं।

3. यही एक मात्र ऐसा कैंसर जिसके लिए जाँच एक टीका दोनों ही उपलब्ध है।

लाखामंडल

पहाड़ों, वादियों का दृश्य जितना मनोरम और मोहक होता है, जीवन उतना नहीं। बहते हुए झरने, कल-कल करती नदियाँ, बर्फ से लिपटी प्रकृति के अद्वितीय सौन्दर्य की व्याख्या कवि शब्दों में पिरो सकता है परन्तु उसके पीछे छुपे संघर्ष का अनुभव, वहाँ के वासी ही जानते है।

अपने सीनियर रेजिडेंसी के दिनों में उत्तराखंड में रहने का अवसर प्राप्त हुआ। रूद्र प्रयाग, कर्णप्रयाग में भी हमारे स्वास्थ्य शिविर लगा करते, जिनमें महिलाओं, बुजुर्गों को निःशुल्क दवाईयां उपलब्ध कराई जाती। इतने सुदूर भागों पर यात्रा कर पहुँचना जोखिम भरा होता। सकरी सड़के, बर्फीले पहाड़ मौसम खराब, और रास्ते बंद होने का खतरा सदा बना रहता।

ऐसे ही बरसात, मौसम खराब के चलते हम एक गाँव में फस गए, ग्राम का नाम था लाखामंडल। यमुना तट पर बसा छोटा गाँव जो कि मुझे अत्यन्त पिछड़ा प्रतीत हो रहा था। मसूरी से भी पच्चीस किलोमीटर आगे इस गाँव की जनसंख्या क्षीण बराबर थी और नाममात्र वस्तुएं उपलब्ध थी।

रास्ता बंद होने के कारण हमारे शिविर को वहीं मंदिर समीप स्कूल में रूकवा दिया गया। बरसात थमने का नाम नहीं ले रही थी। स्कूल के अध्यापक ने हमारी सेवा के लिए एक स्कूल का कर्मचारी (बहादुर) रख दिया था। सेवा क्या? साबुन, ब्रेड चाय आदि मुहया कराने के लिए, क्योंकि वहाँ तो गिनी-चुनी दुकाने थी और सीमित संसाधन।

किन्तु रूकने का कमरा साफ था, बरसात के कारण कीचड़ अवश्य हो गया था पर पानी की निकासी सुचारू रूप से थी, कहीं मक्खी-मच्छर नहीं थे।

उत्तराखंड के इन सुदूर भागों में लगने वाले शिविरों में ऐसे मरीजों से, या कहें तो ऐसे परिवारों से सामना होता जिन्हे देख स्वयं की पीड़ा मनुष्य भूल जाता। किसी का शुगर 250 निकल रहा था, तो किसी का रक्त-चाप 200 पहुँचा रहा था, तो किसी का मोतियाबिंद आखिरी स्टेज में था। चलिए ये तो बुजुर्ग हो गए, महिलाओं कि स्थिति तो और भी दयनीय थी वे अधिकतर तो आती नहीं थी, उनके हिस्से की दवा घर के अन्य सदस्य ले जाते। जितना बन पड़ता हमारा दल उनको दवा आदि दे देता। कुछ को इलाज के लिए देहरादून बुलाया जाता, जो वे नहीं आते थे।

शिविर उपरान्त बहादुर चाय ले आया हमारे पास कुछ नमकीन "बन" भी थे। हम लोगों के लिए बहादुर किसी "नायक" से कम

नहीं था, कोई देवपुरूष, इस वीरान, आदिकाल शहर में फसे डॉक्टरों के दल का वही एक सहारा था।

बहादुर बोला "मैडम पीछे शिव जी का पौराणिक मंदिर है, उसे देखे बिना न जाइएगा आप।

दर्शन करने पर देखा तो वास्तव में अत्यन्त पौराणिक प्रतीत हो रहा था। पहाड़ों में दिन छोटे होते हैं। सायं सात बजे तक तो सड़के खाली हो जाती। सुबह भी नियत समय ही नलके में पानी आता है। सबकी दिनचर्या भी उसी अनुसार ढल गई थी। बहादुर ने हमको वह गुफा भी दिखाई जहाँ लाक्षागृह से निकलकर पांडवों ने अपनी जान बचाई थी। मान्यता थी की भगवान शिव के प्राचीन अवशेषों से सुसज्जित मंदिर के द्वार पर, यदि शव को रखकर पुजारी जल छिड़क देते तो वह मृत व्यक्ति कुछ समय के लिए जीवित हो जाता। इन कथाओं एवं प्रसंगों के प्रमाण लाखमंडल के कण-कण में समाहित थे और कोई भी उसका अनुभव कर सकता था।

हम मंदिर प्रांगण में परिक्रमा कर ही रहे थे कि कोई पास का लड़का बहादुर को बुलाने आया। कह रहा था कि "भैय्या चलो, भाभी की तबियत बिगड़ी है।

तबियत नाम सुनकर दल को लगा हमे भी जाना चाहिए, बहादुर के साथ। घर पहुँचे तो देखा बहादुर की पत्नी बिस्तर पर

मूर्छित पड़ी थी। नाड़ देखी तो तेज चल रही थी। पर नाम-पता पूछने पर उत्तर दे रही थी। आला लगाया तो "मर' मर" सुनाई पड़ी (ध्वनि जो दिल की बीमारी दर्शाती है)*

मैनें बहादूर, से से पूछा "क्या पहले से हृदय का कोई उपचार चल रहा था? उसने उत्तर दिया, उसको ऐसी कोई जानकारी नहीं है। दो बच्चे हुए, वे भी घर पर दाई ने करा दिए थे। प्रसव दौरान हालत बिगड़ी थी पर कुछ दिन में ठीक हो गई। दो घंटे बीत गए, पत्नी की हालत में सुधार था। होश आ चुका था। हमने बहादुर को अगले दिन पत्नी का ई.सी.जी. कराने की सलाह दी। यह कहकर हम वापस चले आये इस आशा के साथ कि हो सके तो कल रास्ते खुल जाएं।

पहाड़ो की सूर्योदय-बेला का दृश्य किसी दिव्य-अनुभूति से कम नहीं होता। आज के प्रभात में अधिक ही सरसता थी। आंतरिक शारीरिक छिद्रों को पुर्नजीवित, तंरगित कर देती थी यह छंद-छंद बहने वाली समीर जिसमें कण-मात्र भी प्रदूषण नहीं था। जहाँ तक दृष्टि जाती हमारी छत से प्रकृति की अनुपम छटा का अतुल्य अद्भुत रूप दिखाई पड़ता। वर्षा रूकने का नाम नहीं ले रही थी। हमें सूचना प्राप्त हुई देहरादून मार्ग बनाने का कार्य अभी पूरा नहीं हो सका है। आज भी यहीं रूकना था।

हमनें अपनी ओ.पी.डी. सेवांए जारी रखी। मरीज वर्षा के कारण कम थे। समय काटना कठिन हो रहा था। बहादुर की पत्नी भी ई.सी.जी. के लिए आई थी और हांफ रही थी, ई.सी.जी. में वेव मिल रही थी। एम.एस. की आशंका थी (ऐसी हृदय की बीमारी जिसमें रक्त का प्रवाह कम हो जाता है)

आश्चर्य हुआ कि बहादुर को अब तक पता क्यों नहीं चला था?, पत्नी के मर्ज के बारे में, उसके अनुसार डिलीवरी दोनों घर पर हुई थी और दाई ने कराई थी। बहुत स्मरण करने पर उसने बताया श्वास में कुछ शिकायत हुई थी, पर दो-तीन दिन में ठीक हो गया था। यहाँ का सबसे समीप सरकारी अस्पताल भी 20 किमी. दूरी पर था, जिसमें भी सामान्य और हल्के-केस ही देखे-जाते थे। सरकारी डॉक्टरों की नियुक्ति आए-दिन में बदल जाती। जटिल सर्जरी संभव नहीं थी। उसके लिए देहरादून ही जाना पड़ता।

हमारे दल के फिजिशन डॉक्टर ने बहादुर को समझाया कि ईको* करवाने उसको देहरादून आना पडेगा। अभी कुछ सावधानियां रखने की आवश्यकता है। भारी कार्य, भारी सामान न उठाए और सबसे महत्वपूर्ण था कि किसी भी स्थिति में गर्भ नहीं ठहरना चाहिए, कुछ दवाईयां हमारे पास थी जो हमने उसको दे-दी और शेष डाक से पहुँचाने का आश्वासन दिया।

भोजन का समय हो गया था। बहादुर ने बताया कि कुछ गज दूरी पर एक ढ़ावा है जहाँ गर्म नाश्ता मिल सकता है। यहीं समीप, लाखामंडल के प्रसिद्ध शिवलिंग थे। बहादुर ने बताया कि उनका इतिहास त्रेतायुग से है जब पांडवों ने अज्ञातवास की अवधि में इनकी स्थापना करी थी।

मान्याता यह भी थी कि यहाँ पर वह गुफा भी थी जिससे निकलकर पांडवों ने दुर्याधन द्वारा रचित लाक्षागृह से निकलकर जान बचाई थी। जितनी पौराणिक कथाएं जुड़ी थी उतना ही पिछडा़पन भी दिखता था।

छोटे-छोटे मकान और सुविधाओं का अभाव, यह नगर अभी भी त्रेतायुग के उसी काल खण्ड में जी रहा था। बहादुर ने इस भाग में प्रचलित एक आश्चर्यजनक प्रथा का भी जिक्र किया।

प्रान्त के कुछ भागों में अभी भी **बहुपतित**[***] की प्रथा थी। हिन्दु विवाह सविंधान इसकी अनुमति नहीं देता। यह हिन्दू धर्म का परिहास था। शोध किया तो ज्ञात हुआ पहाड़ों में यह प्रथा भूविभाजन के उद्देश्य से बनाई गई थी। मान्यता थी कि द्रौपदी का विवाह त्रेता युग में इसका उदाहरण था। अब कौन बताए इन

[***] हृदय की विस्तृत जाँच
जब एक स्त्री के एक से अधिक पति हो

मूर्खों को कि महाभारत में यह विवाह दुर्घटनावश हुआ था न कि ऐसी कोई प्रथा थी। क्या ये मूर्ख, सभ्य समाज के विद्रोही हैं? यह तो समय ही बतायेगा!

सुखद समाचार यह था कि मार्ग खुल गए थे और हमारे दल की वापसी हो सकती थी। प्राकृति सौन्दर्य का आनंद भी हम भरपूर ले चुके थे। पहाड़ों के संघर्ष

पूर्ण जीवन का अनुभव भी भविष्य के लिए एक शिक्षा थी। ईश्वर से प्रतिपल इन लोगों के लिए कामना करते हुए हम देहरादून पहुँचें।

देहरादून का हमारा अस्पताल मेडिकल कॉलेज से संबद्धित होने के कारण उत्तराखंड के अधिकतम जटिल और रेफर्ड केश (स्थानांतरित मामलो) का गढ़ था। आपातकालीन सेवाओं की उपलब्धता एवं विस्तृत तकनीकी सुविधाओं से परिपूर्ण होने के कारण अस्पताल भरा रहता था। हम पर भी कार्य का बोझ और तनाव दोनों बना रहता।

अक्टूबर समाप्त हो गया था और ठंड बढ़ने लगी थी। मेरी रेजिडेंसी की अवधि भी समाप्त होने वाली थी। कई मेडिकल कॉलेज में असिस्टेंट प्रोफेसर की नियूक्तियां हो रही थी। मैनें भी अपना आवेदन भेज दिया था, पद स्थाई थे किन्तु उसके अनुरूप कम ही लोग साक्षात्कार के लिए आए थे। गुजरात में सरकारी

नौकरी करने की ओर डॉक्टरों का रूझान कम रहता है। या फिर हम उत्तर प्रदेश वालों से उनका दृष्टिकोण भिन्न था।

साक्षात्कार लेने वाले दल में स्वास्थ्य विभाग और प्रशासनिक अधिकारी सभी उपस्थित थे। उन्होंने प्रश्न किया? आप तो उत्तरी भारत से हैं, वहाँ महिलाओं में मृत्युदर का सब से प्रमुख कारण कौन सा है?

मैंने उत्तर दिया गर्भपात उत्पन्न संबधित मृत्यु

जैसे-अनचाहा गर्भधारण संक्रमित गर्भपात

उन्होने आगे पूछा "आपके सुझाव से ऐसी कोई नीति या सरकारी बदलाव जो इस दर को कम कर सकता हो"?

इस प्रकार के प्रश्न की मैंने कल्पना नहीं करी थी।

मैनें प्रारम्भ किया "सरकारी तन्त्र और नीतियों के प्रति मेरा उचित सम्मान है, परन्तु मेरा विचार है कि, यदि हमें मृत्युदर में गिरावट चाहिए तो भ्रूण लिंग की जानकारी (पति-पत्नी) को दे देनी चाहिए।

कुछ क्षण के लिए सब स्तबद्ध थे और मुझे रोष पूर्वक घूरने लगे। मैनें वाक्य पूरा किया "किन्तु गर्भ गिराने की दवाईयों पर पूर्णतः प्रतिबंध लग जाना चाहिए, उनकी उपलब्धता मात्र अधिकृत अस्पतालों में होनी चाहिए।

बाकि दल चुप रहा, परन्तु प्रसाशनिक अधिकारी मुझसे आगे बोला 'आप विकसित देशों से तुलना करेगीं भारत की?

मैनें उत्तर दिया "दुखद सत्य है कि, जब तक सोनोग्राफी मशीन रहेगी तब तक किसी न किसी रूप में छुपकर भ्रूण जाँच होगी। क्यों न उसे मान्यता दी जाए और उस अजन्में, कन्या बीज का सुरक्षापूर्वक जन्म सुनिश्चित किया जाये।

अत्यन्त कठोरता से उन्होने मुझे बाहर का रास्ता दिखाया। मेरे विचार शायद उन्हे कुछ अधिक ही क्रान्तिकारी प्रतीत हो रहे थे।

उदास और हताश मन से वापस मैं देहरादून आ गई। कार्यकाल खत्म होने में कम ही दिन रह गये थे। यहाँ पर भी विभाग के सहाकर्मियों ने पूछा कैसा गया साक्षात्कार?

मैंने उत्तर दिया में "आवश्यकता से अधिक भावनात्मक हो गई"। किन्तु आज हमारे विभाग में चर्चा का विषय कुछ और ही था। घटना आयरलैंड देश की थी। जहाँ एक महिला दंत चिकित्सक को गर्भ गिराने का अधिकार इस लिये नहीं दिया क्योंकि उनके कानून में जीवित गर्भ को गिराया नहीं जा सकता। महिला की मृत्यु हो गई और पूरे देश की जनता में आक्रोश था।

महिला आयोग और अनेक अंतराष्ट्रीय मंचों पर इसकी चर्चा हो रही थी।

क्या कानून मानव जीवन से बढ़कर है?

क्या एक महिला के जीवन की डोर, समाज एवं सरकार द्वारा रचित नियामों पर निर्भर है,

कितना विरोधाभास है कि इतने भौतिक और तकनीक विकास के उपरान्त भी नारी एक कठपुतली मात्र है?

क्या औचित्य है ऐसे संविधान का, प्रथाओं का, जो जननी के शरीर के साथ ही न्याय नही कर सकती।?

सिर फटने लगा। विद्रोह और उन्माद के भाव से मस्तिष्क भारी होने लगा।

यह मेरे कार्यकाल की आखिरी आपातकालीन ड्यूटी होगी। रात के दो बज गए थे। नर्स से सूचना मिली कि एक मरीज आपात-कालीन विभाग में भर्ती हुआ है। पर केस प्रसूति विभाग का था।

वहाँ पहुँची तो मरीज के साथ संघर्ष आखिरी चरण पर चल रहा था। एक-एक श्वास के लिए तमाम इन्जेक्शन ठोक दिए गए थे। सारे प्रयासों के विपरीत हृदय गति मानेटर पर सपाट थी, और शरीर शान्त पड़ गया था। सहकार्मियों से पता चल कि मरीज जो कि अभी जवान युवती थी को दिल की बीमारी थी, और साथ

में गर्भवती थी। मरीज दूर पहाड़ी इलाके से आयी थी, शॉक के चलते वहाँ की सी.एस.सी. से स्थानांतरित करी गयी थी।

मेरे लिए करने को कुछ नही था, किन्तु कागजी कार्यवाई करना ऐसी स्थितियों में आवश्यक हो जाता है। और क्योंकि गर्भ की अवधि पता नहीं थी, मृत्यु प्रमाण पत्र बनाने के लिये मुझसे जाँच करने को कहा गया।

मैंने जैसे ही पेट पर हाथ रखा, सहसा दृष्टि मुख पर पड़ी तो शरीर निस्तेज पड़ गया और मैं शिथिल मूर्ति समान जम गई।

क्या हुआ आपको? मरीज के सगो ने मुझे झकझोरते हुए कहा

मृतिका और कोई नहीं, बहादुर की पत्नी थी, मैं बदहवास बहादुर को ढूढ़ने लगी। कहीं मुझसे ही कोई त्रृटि तो न हो गई। झुझलाहट भरे पश्चाताप से मैं सन्न थी।

"बहादुर को समझाया था न, इसके लिए गर्भवती होना प्राण घातक होगा।

किन्तु वह कहीं न दिखा

मैडम मैं ही पति हूँ। भीड़ में कोई बोला?

तुम? और बहादुर?

"मैडम वह भी" कह कर विराम चिन्ह सा वह मूक खड़ा रहा।

पिछले वर्ष के अनुपात में में बढ़ी 47 प्रतिशत घरेलू हिंसा

किसी भी घरेलू संबंध या नातेदारी में किसी प्रकार का व्यवहार, आचरण या बर्ताव जिससे (1) आपके स्वास्थ्य, सुरक्षा, जीवन या किसी अंग को कोई क्षति पहुँचती है, या (2) मानसिक या शारीरिक हानि होती है, घरेलू हिंसा है।

आंकड़े:-

- 33 प्रतिशत महिलाएं होती है घरेलू हिंसा का शिकार

- 20 प्रतिशत कभी नहीं लेती पुलिस की सहायता

कानूनः-

- भारत में घरेलू हिंसा कानून या डीवी कानून में भारत में घरेलू हिंसा के लिए तीन कानून हैं जो भारत में घरेलू हिंसा के लिए सजा और जुर्माने से संबंधित हैं।

- पीड़ित भारतीय दण्ड संहिता (IPC) के तहत आपराधिक याचिका भी दाखिल कर सकती है, इसके तहत प्रतिवादी को तीन वर्ष तक का कारवास हो सकता है, इसके तहत पीड़ित को गम्भीर शोषण सिद्ध करने की आवश्यकता हैस किससे संपर्क करें?

भारत सरकार के सभी स्तरों पर महत्वपूर्ण प्रयासों के बावजूद भारत में महिला साक्षरता दर 70 प्रतिशत, एमएमआर 97, दहेज हत्या प्रति दिन 20 और बलात्कार प्रति दिन 80 हैं।

किराये की कोख

लखनऊ की सड़को पर चलना किसी करतब से कम नहीं। घर सुरक्षित पहुँच जाऐ जो आपसे अधिक भाग्यशाली कोई नहीं? और वह भी किसी से सड़क पर नोक-झोक हुए बिना, फिर तो समझिए पिछले जन्म में आपने कोई पुन्य ही किए होंगे।

आपके हुलिया और नक्शे के साथ ही यदि आपके वाहन (चाहे जो भी हो दो पहिया/चार पहिया) भी दुरस्त है फिर तो ईश्वर की महिमा के क्या कहने?

आए-दिन सड़क पर जाम का कारण दुघटनाएं कम और सड़क-पर होने वाले झगड़े अधिक होते है। विवाद में वादी/ प्रतिवादी से अधिक सक्रियता और रूचि तमाश- बीनों को होती है । वे ऐसी घेरा बंदी करते मानों, उन्ही कि भैंस कोई खोल ले गया हो। यह भारत देश की विशेषताओं में से एक है कि यहाँ खाली और कुराफाती प्रवृति वालों की कमी नहीं है।

सरकारी योजनाओं के आर्शीवाद से हमें भी एक ई-रिक्शा मिल गया था । ये ई-रिक्शा किसी खिलौनें जैसा प्रतीत होता। कभी सड़क पर मक्खन की भांति उड़ने लगता, तो अभी अल्हण पत्ती की तरह पलट जाता। हमने अपने रिक्शा को दुल्हन की

तरह सजा रखा था, पूरे सोलह-सिंगार के साथ, वह तो कृपा हो उत्तर प्रदेश की सड़को कि जहाँ बी0एम0डब्ल्यू0/मर्शडिस तक नियंत्रण खो देती, और सेसंर बजने लग जाते है। एक सस्ता बाजा भी मिल गया था जिसे हमने रिक्शे की छत पर चिस्पा दिया था । मनोरंजन तो होता ही साथ सवारी आर्कषित करने में भी सहायता मिल जाती। हमारा रास्ता तय रहता, कृष्णा नगर थाने से याता-यात पार्क तक, और वापस याता-यात पार्क से कृष्ण नगर थाने तक । इसके ही प्रति सवारी 10 रूपए मिल जाते और जीवन सुखद चल रहा था। हमने अपनी ई-रिक्शा का नाम भी रख दिया था **'बसंती'**। क्या बताए बचपन में शोले देखी थी और हेमा मालिनी मन में ऐसी उतरी की लगता अमिट हो गई।

बरसात में बसंती की देखभाल कठिन हो जाती। यात्रियों के लिए हमने इसलिए ऊपर एक नीले रंग की तिरपाल डाल दी थी। बावजूद उसके पानी रिस के नीचे आ ही जाता और सीट गीली हो जाती।

वह दिन भी ऐसा ही था। कृष्णा नगर थाने से उस लड़की को (महिला ही समझिये) हमने बैठाया। बोली पास के टेस्ट्यूब बेबी अस्पताल जाना है। वैसे तो दस बजे पश्चात हम सवारी नहीं लेते थे, किन्तु उसकी दयनीय स्थिति देखकर मना न कर पाए। साथ

दो छोटे बच्चे थे। पूरी साड़ी भीग चुकी थी और बच्चे भी भूख से बिलख रहे थे।

तीनों के पीछे पैर घिसटता हुआ एक दुबला-पतला आदमी आता दिखा। बरसात और ठंड से वह भी कांप रहा था। पूरा परिवार पूर्वी उत्तर प्रदेश से आया प्रतीत होता था। उनकी बोली भाषा से वहीं कि छवि मिल रही थी। कुछ भी हो वे कष्ट में थे और मुझे लगा मैं उन्हें अति-शीघ्र उनके गंतव्य तक पहुँचा दूँ। अस्पताल शहर के इस भाग में बहुत प्रसिद्ध था। अभी हाल में टेस्ट-ट्यूब बेबी या परखनली शिशु की सुविधा प्रारंभ हुई थी। अमूमन लोग वहाँ आया-जाया करते, हमें भी उनसे ज्ञान मिल जाता । वरना हमें क्या पता मेडिकल की पेचिदा शब्दावली?

परिवार की स्थिति देख मैं उनसे किराया मांगने की हिम्मत न कर पाया। किन्तु ध्यान की बात यह थी, कि अस्पताल के पिछले गेट पर आया पहले से ही उनकी राह देख रही थी। उसे इस परिवार के आने कि सूचना होगी। देर हो चुकी थी, हमने भी अधिक सोचने का प्रयास न किया और घर की ओर वापसी कर ली।

बसंती के साथ हमारा समय अच्छा कट रहा था। रात में बसंती की बैटरी नियत समय पर अवश्य चार्ज कर देते। वहीं थाने से याता-यात पार्क, और पुनः यातायात पार्क से थाने, कभी पार्क पर चाट खा लेते, तो कभी मंशा पर चाय पी लेते। मंशा

चाय वाले से हमारी गहरी मित्रता भी हो गई थी। अब उधारी की मित्रता समझे या मजबूरी की।

आज चाय पिलाते हुए बोला "थाने वालों ने हमको **नोटिस'** दे दिया है"

"क्या होगा? कहाँ गुमटी लगाओगे?" मैंने पूछा

"कुछ समझ नहीं आ रहा? अचानक कहाँ जाएं 'यहाँ सबसे हिल-गए थे, ग्राहक भी बन गए थे" । उसने दुःखी स्वर में कहा।

"क्यों नहीं तुम अस्पताल के पिछले गेट पर गुमटी लगा लेते हो।

मरीजों का जमावड़ा तो रहता ही है वहाँ और सामने पार्क होने के कारण बैठने के लिए पटरे की जगह भी मिल जाएगी।" हमनें मंशा को बताया

मंशा को हमारा सुझाव समझ आया, या कहे उसके पास कोई चारा भी न था। अस्पताल यातायात पार्क के दूसरे छोर पर था और अधिकतर सवारियां पहले गेट पर ही उतर जाती थी। इस कारण हम अब मंशा की चाय की चुस्की कम ही ले पाते।

उस दिन दोपहर के दो बजे होगें इतनी गर्मी की कोई आम मनुष्य तो झुलस ही जाए। साथ थाने में बहुत भीड़ थी। लगता कोई बड़ा प्रकरण हुआ है, वैसे भी कृष्णा नगर में फिरौती के लिए

होने वाले अपहरण के मामले होना आम बात हो चुकी थी। तभी एक अधेड़ उम्र के व्यक्ति ने हमसें अस्पताल का पता पूछा।

क्या दूर है यहाँ से? वह बोला!

नहीं पैदल मात्र दस मिनट का रास्ता है ?

वह कुछ सोच रहा था, तभी एक दंपति उनके पीछे आया। दोनों पति-पत्नी चालीस वर्ष के लग रहे थे, चेहरे इतने बुझे हुये मानों शरीर में प्राण ही न हो। कुछ बोल भी नहीं रहे थे। शायद किसी गहरे सदमें में थे।

उस अधेड़ उम्र वाले व्यक्ति की बातो से लग रहा था, उन्हे ओला वाला गलत पते पर छोड़ गया था। रहन-सहन से गाड़ी-मोटर वाले लगते थे, हमें भी आश्चर्य हुआ जब वे हमारी ई रिक्शा में बैठ गए।

हमारा जितना बंधा था हमने ले लिया और उन्हे अस्पताल छोड दिया। किन्तु आज तीव्र इच्छा हुई कि अपने मित्र का हाल-चाल भी ले ले और चाय भी पी ले। मंशा की गुमटी पर भीड़ देखकर प्रसन्ता हुई । वह भी संतुष्ट दिखा, यहां चाय, बन मक्खन के साथ बिस्कुट/ नमकीन की बिक्री से भी आमदनी हो जाती थी।

"दादा, एक ठो टाइगर बिस्कुट दई दा"

पाँच रूपए का सिक्का लिए एक छोटा लड़का गुमटी पर उचक कर पहुँचने का प्रयास कर रहा था।

मैनें मंशा को बोला "अरे इनकी भी सुन लो"

टाइगर बिस्कुट लिए ठुमकता हुआ वह जाने लगा तो हमें आभास हुआ इसको हमने पहले कहीं देखा है। मंशा ने मेरा मनोभाव पढ़ लिया।

'हमने ही तो' उस बरसात की रात छोड़ा था इन्हे यहाँ"।

"हाँ, इसकी माँ यहाँ सरोगेट है मंशा ने बताया ।

सरोगेट वह क्या होता है? हम पहली बार यह शब्द सुन रहे थे।

"किराये की कोख नहीं सुना तुमने" मंशा को हमारी अज्ञानता पर अचरज न हुआ मुझे भी आश्चर्य हुआ कि संसार में यह सब भी उपलब्द्ध है,

"भाग्य के सताए है बेचारे, बलिया के किसी गाँव से आए है । खेत-पिछले सूखे में बिक गया। आदमी वेल्डिंग का काम करता था, करंट लगने से बायां पैर बेकार हो गया है । परिवार से भी कोई सहायता नहीं मिली, न आर्थिक न सामाजिक, देश-गाँव सब छोड़ना पड़ा।

मंशा ने विस्तारपूर्वक हमें समझाया।

"चलों जो भी हुआ ईश्वर की कृपा से अब इन्हें छत मिल गई, खाने पहने का भी प्रबन्ध हो गया है"। हमने कहा

हमें तो यह संतोष है कि वे कुशल मंगल हैं, बरसात के दिन जो स्थिति थी उस तुलना मे तो आज बेहतर दिखें । परिस्थिति और विपत्ति कभी भी आपकी राह में अवरोध बन सकती है। किस घड़ी आपके सितारे आप से रूठ जाए कोई नहीं कह सकता?

हाँ यह अवश्य है कि आर्थिक सबलता ही ऐसी स्थितियों में सहारा बनती है। बड़े-बड़े उद्योगपति आर्थिक हानि के चलते क्षण भर में धराशायी हो जाते हैं। किन्तु कहते है **" जान है तो जहान है"** । **निरंतर अड़िग होकर मनोबल गिराए बिना उठना,** बातों में सरल दिखता है ,किन्तु वास्तविक्ता में नहीं । गरीब किसान हो या धनाड्य समय के चक्र की लीला कोई भी दिन दिखा सकती है अन्यथा क्यों कोई मनुष्य आत्महत्या जैसा कठोर कदम उठाये?

दो वक्त की रोटी मिल जाए शान्तिपूर्वक, बच्चों का पेट भरा हो, कर्जमुक्त हो, तभी रात्रि में नींद भी मिलेगी। जो है वही बना रहे, इससे बड़ा आर्शीवाद कुछ नहीं।

वे मोटर वाले दम्पति मुझे अनेक बार दिखे। मुःख पर वही भाव । वेदना और पीड़ा उनके शरीर के कण-कण में समाहित थी। वे मूर्ति की तरह आते , और चले जाते । वह अधेड़ उम्र वाला व्यक्ति साये कि तरह उनके साथ रहता । किसी से न स्वयं बोलते न सुनते । घड़ी देखकर आते ओर चले जाते, न एक क्षण इधर न उधर, लगता है उनकी आगे फ्लाईट लगी रहती।

उस दिन हो सकता है उनकी फ्लाईट में विलम्ब हो गया था। मुझे वे मंशा पर चाय पीते दिखे। कहीं रूकने के लिए सराय भी खोज रहे थे। वैसे तो कृष्णा नगर में कई होटल थे किन्तु शुद्ध शाकाहारी होने के कारण उनके लिए चुनाव करना कठिन हो रहा था। दम्पति तो रात ठहर गए परन्तु वह अधेड़ उम्र वाला साथी हमें चाय की दुकान पर मिल गया। उससे पता चला कि पुश्तैने रंजिश के चलते उनके दोनो जवान बच्चों को गाँव में पट्टेदारों ने मार दिया। दोनों पति-पत्नी तब से जड़ हो चुके है, समझों कहने को शरीर है, किन्तु आत्मा मृत हो चुकी है। पत्नी की आयु चालीस से ऊपर थी और बच्चेदानी भी निकल चुकी थी। वह अधेड़ उम्र वाला व्यक्ति उनका सरोगेसे से बच्चा करवाने आया था।

"प्रभु सुन ले तो जीवन को सहारा मिल जाए इनके?

वैसे कुछ रह नहीं गया" । वह बोला

मैं द्रवित हो गया यह अकल्पनीय, समय का द्रुदान्त प्रहार सुनकर

उधर नीलम और उसके बच्चे दिख जाते कभी, बन मक्खन खाते हुए। उनके साथ अस्पताल की आया भी सदैव होती। देखने से प्रतीत हो गया था कि नीलम गर्भवती हो गई है पति और बच्चों के चेहरे भी भरे हुए दिखे। उसका पति अब हमसे खुल गया था, या कहे **'राजश्री'** वाली मित्रता। कितनी बार सोचा इस दुव्यसन को त्याग देगें पर सयंम ढीला पड़ जाता।

पैर कैसा है तुम्हारा? हमने उससे पूछा,

"भैया यहीं अस्पताल में सिकाई करा लेते हैं, दो महिने हो गए।

"पैर हरकत करने लगे है, दीदी कह रही थी नीलम की डिलवरी तक ठीक हो जाएगें" बैसाखी छूट जायेगी। दांत चियारते हुए, वह बोला

बिहारी लहजे में उसकी कहानी सुनना अत्यंत रोचक था। उसका व्यक्तित्व भोलेपन और अज्ञानता का सुंदर मिश्रण था भविष्य के प्रति आस्था और विश्वास ने उसके वर्तमान को बांध रखा था।

अक्टूबर आ चुका था। तापमान में मधुर सकारात्मका दिखने लगी थी। वैसे भी अक्टूबर/नवंबर तीज त्यौहारों का मौसम होता है आलमबाग से लेकर कृष्णानगर तक सड़क के दोनें छोर पर

दुकाने सज जाती, कहीं चौथ के लोटे तो कहीं नवरात्रों के माता रानी की पूजन सामग्री। अब महिना भर तो बहुत सहेज कर चलाना पड़ेगा बसंती को। हमारे लिए बसंती किसी देवी से कम थोड़े ही थी?

इतनी चहल-पहल जैसे कोई विवाह-उत्सव हो, विशेषकर महिलाओं की आवा-जाही बनी रहती, प्रत्येक छोर प्रत्येक नुक्कड़ रौनक-ही-रौनक। सब का धंधा चल निकलता, ब्यूटिपार्लर हो या कपड़े की दुकान या दर्जी। लोग पंक्ति में ही खड़े दिखते।

एक मेंहदी लगाने वालों का प्रचलन चल निकला था। लड़कियां, छोड़िए, नवयुवक, स्टूल लगाए युवतियों के हाथ पकड़े दिखते। इन दो महिनों में इन लोगों की साल भर की आमदनी हो जाती। जनवासे और विवाह घर वालों की व्यस्तता का तो कोई तोड़ ही नही?

वे स्वयं किसी दुल्हन से कम सुन्दर नहीं दिखते। चारों दिशा में फूलों की बेल और झालरों से सजा ऊँचा स्वागत द्वार। चमकीली कंदीलों से पूरा मौहल्ला जगमगा उठता। किन्तु उसी अनुपात में ध्वनि प्रदूषण और जाम भी बढ़ जाते।

सब प्रफुल्लित दिखते, पर्व के उल्लास से ओत-प्रोत भीड़ मंशा की दुकान पर भी, किन्तु नीलम और उसके पति का चेहरा मुरझाया था।

क्या हुआ? हमने पूछा

"भैय्या पहली बार दीवाली, **"छठ में"**, गाँव से दूर है, अभी भी वह अपनापन नहीं लगता। छठ माता कहीं क्रोधित हो गई भैय्या ? व्रत भी नहीं रख पाएगें", वह रोने लगा।

अपने लोगों का विरह, अपने गाँव की मिट्टी छूटने का दर्द मैं समझ सकता था। "वहीं समीप नहर से लगे मंदिर पर हर वर्ष छठ का भव्य आयोजन होता है, व्रत नहीं रख सकती तो क्या हुआ, उत्सव का भाग तो बन सकती है"। मैंने उन्हें आश्वासन दिया कि मैं उन्हें वहाँ ले जाऊँगा

मेरें विचार से उसका सातवां महिना चल रहा था। छठ के उस आखिरी दिन प्रात सूर्य-उदय से पूर्व ही हम सब वहाँ पहुँच गए।

सत्य ही है, छठ माता की दिव्यता का कोई परिमाण नहीं। जहाँ तक दृष्टि जाती अलौकिक और अपरिमित सौन्दर्य। दैविक भक्ति का ऐसा प्रदर्शन कम ही दिखता है। नीलम और उसके पति जैसे पुनःजीवित हो गये। नीलम के साथ अस्पताल की आया भी आई थी। पूजा चार और पाँच घंटे की ही थी। वातावरण अफरा-तफरी का था।

सूर्योदय के साथ ही भक्तिगान प्रारम्भ हो गया।

साजल नदिया किनार

सुनिहा अरज छठी मईया

बढ़े कुल परिवार

करिहा क्षमा छठी मईया

भूल चूक गलती हमार

छठ देवी की जयकार हो रही थी, खीर रोटी का प्रसाद, चावल के पीट्टू बट रहे थे। तभी दृष्टि गई तो देखा नीलम, पति बच्चों के साथ-हमारे मना करने के बावजूद नहर के बीच खड़ी है।

वातावरण भक्तिमय हो चुका था, छठ गीत अर्बिन-अंबर तक ध्वनिगत हो रहे थे। सहसा धड़ाम की आवाज आई और अस्पताल की आया नहर की ओर दौड़ी "अरे देखों नीलम गिर गई" वह बोली!

हम सब भी उसको उठाने के लिए दौड़े।

समय से पहुँचने के कारण नीलम को अधिक चोट नहीं आई थी। किन्तु पेट में दर्द अवश्य होने लगा था।

हम सभी डर गए थे। अस्पताल की आया तो भय से मूर्छित हुई जा रही थी "डॉक्टर मैडम ने मना किया था हमको? क्या

कहेगें उन्हें? वह अनव्रत बुद-बुदाए जा रही थी। भय के भाव उसके चेहरे पर प्रत्यक्ष दिख रहे थे। आनन-फानन में सब उसको लेकर अस्पताल दौड़े। हम तुरन्त नीलम को स्टेचर पर लिटा कर इमरजेंसी ले आए इसके उपरान्त क्या हुआ हमको नहीं पता?

रात के दो बज चुके थे, मंशा अपनी दुकान बढ़ा रहा था। नीलम की स्थिति कि कुछ सूचना नहीं मिल पाई। सहसा देखा, वह मोटर वाले दम्पति बदहवास भागते हुए अस्पताल परिसर में आते दिखे। हम समझ गए ये नीलम की कुशल-क्षेम लेने आयें हैं। इन्हे अस्पताल से फोन गया होगा।

दुकान बढ़ाते हुए मंशा ने हमें बताया कि नीलम इन्हीं के जुड़वा बच्चों की सरोगेट इसलिए यह उचित था। है दम्पति की छटपटाहट और असमर्थता देख मुझे स्वयं पर ग्लानि हो रही थी। क्यों मैंने नीलम कि सहायता की?

सरोगेट और किराए की कोख विषय में अब हमें समझ आने लगा था। दम्पति का बीज होगा, किन्तु किसी और की कोख में पलेगा। अनुवंशिक और भौतिक रूप से वह दम्पति का ही होगा। हमारी कई भ्रान्तियाँ दूर हो गयी, अन्यथा समाचार पत्रों से तो हम यह निष्कर्ष निकाल पाए थे कि ये सारी चोचले बाजी सिनेमा जगत के समृद्ध वर्ग के लिए हैं। समाचार पत्रों में पढ़ते,

करण जौहर और तुसार कपूर बिना विवाह किए सरोगसी के बल पर पिता बन गये।

सब पैसे की माया है, कुछ ने दूसरे या तीसरे बच्चो के लिए किराए की कोख का सहारा लिया था।

नीलम की जानकारी न मिल पाई, अब उसका भी बाहर निकलना मना हो गया था। आया ने बताया कि उसकी स्थिति गंभीर हो गई थी। समय पर उपचार हो गया अन्यथा बच्चा खराब हो जाता।

हमने भी ईश्वर को धन्यवाद दिया। एक संतुष्टी की सांस ली। उधर मेरठ वाला परिवार भी संभल गया था किन्तु इस अकस्मात भाग दौड़ के कारण, वे यहीं कमरा ले कर ठहर गए। मंशा ने बताया "कह रहे थे दो महिनें की बात और है"

लखनऊ शीतलहर की चपेट में था। हमारे धंधे पर भी इसका प्रभाव दिख रहा था। इसलिए हमने भी किराए पर परचून की दुकान खोल ली उस पर पत्नी को बैठा दिया। उसका समय भी कट जाता।

नया साल आने को था, हमनें भी सोचा नव वर्ष शुभ जाए इसकी प्राथना कर लें। कृष्णा नगर में एक ही मंदिर था, वहीं जा पहुंचे। घंटा बजाकर उतर रहे थे तो दृष्टि पड़ी एक दंपति पर, नीलम के परिवार के समान वे भी लाचार एवं दुखियारे लगे।

क्या हुआ भाई यहां के नहीं लगते? मैने उनसे पूछा

उन्होनें अपनी रामकथा बताई, नीलम के रिश्ते में भी थे। उसी ने उन्हें गाँव से बुलाया था। उनकी स्थिति भी नीलम जैसी थी, किन्तु सबसे दुःखद यह था कि नये सरकारी बिल के अनुसार अब सरोगेसी की वैधता रद्द कर दी गई थी। जिस कारण अब इन्हें वापस जाना होगा। एक चवन्नी भी नहीं थी उनके पास। हमनें जनरल डिब्बे का टिकट दिला कर उन्हें अगली ही ट्रेन से रवाना कर दिया।

मकर संक्राति निकट थी। सूर्य धनु राशि से मकर में प्रवेश कर रहा था, और सूर्य की गति उत्तर की दिशा ले चुकी थी। शास्त्रों के अनुसार मानव जाति इन दिनों प्रगति की ओर अग्रसर होती है। भीष्म पितामह जिन्हें इच्छामृत्यु का वरदान प्राप्त था, ने इस दिन का चुनाव किया था अपने प्राण त्यागने के लिए, क्योंकि मान्यता यह है कि उत्तरायण में मृत्यु होने पर मोक्ष की प्राप्ति होती है।

हमें इस दिन के इतिहास में रुचि नहीं थी। जितना कि दिन बड़े होने की प्रसन्नता होती। रजाई और कंवल में दुबकने वाली जनता जब घर से निकलेगीं तभी तो हमारे रिक्शे में बैठेगी।

आज जैसे शुभ समाचारों का दिन था। मंशा ने बताया नीलम के जुड़वा बच्चे हुए हैं। ऐसी प्रसन्नता हुई मानों हम ही उनके मामा हों।

कुछ दिनों उपरान्त मोटर वाले दंपति हमें नवजात बच्चों के साथ मंदिर में दिखें। उनके निर्जीव एवं कृस पड़ गये चेहरे पर हमने पहली बार भाव देखें। उनकी ओर मुख किया तो पुरुष की आंखें छलक आई। वह अधेड़ उम्र बाला व्यक्ति उन्हें संभालने लगा। फिर वे सब ओला में बैठ गए, तभी टैक्सी से उतर कर वह महिला प्रसाद देने के लिए आगे बढ़ी और बोली, "भैय्या, इस कठिन समय में आपने बहुत सहयोग दिया आज साथ छोटे बच्चे हैं, इसलिए मोटर कर लिया"। पूरे साल में पहली बार उनके मुख से स्वर सुने और वह भी इतने भावप्रण। हमको धन्यवाद करने की उसे आवश्यकता नहीं थी। उसकी सज्जनता और दयालुता ही थी कि इस प्रकरण में उसने हमारी उपस्थिति को पहचाना, और मान रखा।

मानवता से श्रेष्ठ कोई भावना नहीं होती। मानवीय रिश्तों का आधार स्वार्थ या धर्म नहीं हो सकता, ये प्रवृति आंतरिक है।

इन मधुर शब्दों से मेरे जैसे अनपढ़ मजदूर के भीतर भी कोई कल्पक जा उठता है, मानवता ही मनुष्य की वेदना का उत्तम नाम है, सब क्षणभंगुर है, सत्य है तो मानवता और प्रेम। दयालुता, विवेक और विनम्रता एक मानव को दूसरे के साथ एकाकार होने का सबसे सहज एवं स्वाभाविक मार्ग है। विकसित और उदान्त

हो जाने पर मनुष्य को वह शीलता प्रदान करता है, जो धर्म का अवदान है।

किन्तु सबका ऐसा भाग्य कहाँ? स्वर्ग और पृथ्वी के बीच निरंतर घटित इस आवगमन से क्या मानवता का निस्तार होगा? या नहीं?

वैसे भी संघर्ष करना मनुष्य का स्वभाव है और मानवता एक नैसर्गिक प्रकृति। इस गुण का आपकी परिस्थितियों, आपके सामाजिक पद से कोई सरोकार नहीं,

मेरठ वाला परिवार चला गया, जब भी हम कृष्णा नगर थाने के चौराहे पर सवारी के लिए खड़ा होते तो सहज ही उनकी छवि सामने आ जाती उनके लिए मन प्रसन्न हो उठता, किन्तु जब उनके जैसे दंपति अस्पताल का रास्ता पूछते और उसी दिन मायूस होकर वापसी करते दिखते तो दुख होता।

अपना अपना भाग्य! सरकारी तंत्र और कानून को कौन भेद पाया है?

तभी दूर से नीलम का पति आता दिखा, हमारी तरह वह भी सजीला ई.रिक्शा चला रहा था।

अरे ये कब लिया? हमने पूछा

नीलम को जो पैसे मिले थे उन्हीं से लिया, पैर भी चलने लगे है, देखो। "सोचा अब यही रूक जायेगे, नहर पास जो सरकारी

स्कूल है, उसी के पीछे कमरा ले लिए है, बच्चों का दाखिला भी करा दिए वहां" वह बोला

"तुम्हें और नीलम को बहुत आर्शीवाद भी मिला है, जानते हो न, किसी के सूने घर में, सूखे जीवने में तुम दिव्य प्रभात बन कर आए हो हमनें उसका उत्साह बढ़ाया।

किन्तु उसको अपने नई-नवेली दुल्हन के मोह के आगे कुछ न दिख रहा था।

रिक्शे पर लटकती झालर खींचते हुए हम बोले,

हमारी सवारी तो नहीं काटोगे।

अरे नहीं भैय्या, पारा ओर चलाते हैं तुमसे बस मिलने आए है, वह झेपने लगा

"हाँ चलाना भी मत" हमने उसके कान उमेठे

बड़ी सज रही है तुम्हारी रिक्शा

रिक्शा नहीं धन्नों

धन्नों हम चकित थे

"क्यो भैय्या तुम्हारी बसंती तो हमारी धन्नों"

कहकर अपनी धन्नों पौं-पौं करता हुआe हुआ फुर्र हो गया।

किराए की कोख हुई मुश्किल?

हलिया आए कानून ने सरोगेसी अथवा किराए की कोख पर प्रतिबंध लगा दिया। बुद्धिजीवियों, चोलाधारियों ने अपने बंद घरों में बैठ, देश के सैकड़ों दम्पतियों का भविष्य चन्द पंक्तियों में लिख दिया नतीजन उन लोगों की नियति निश्चित कर दी गई जिनकी अखिरी आशा सरोगेसी थी।

कुछ दिनों पूर्व सिनेमाजगत की प्रमुख हस्तियों ने सुविधा जनक सरोगेसी के प्रमाण दिए। नेता, अभिनेता समाज के लिए उदाहरण बनते हैं उचित मार्गदर्शन हेतु परन्तु यहां उलट हो रहा था। लचर कानून व्यवस्था और दुर्बल न्याय प्रणाली के चलते सरकार ऐसे निर्णय लेती या नियम बनाती है जिसका कारण अवैध आचरण या कार्य नहीं अपितु क्योंकि सरकार स्वयं न्याय-संगत और कु-कृत्यों में भेद करने में असक्षम हैं।

यह अत्यधिक विरोधाभासी प्रतीत होता है कि एक ओर एकल, अविवाहित या तलाकशुदा व्यक्ति-पुरूष या महिला-दत्तक माता-पिता बनने के लिए पात्र बना दिया गया है, वहीं दूसरी ओर जब अपने स्वयं के जैविक बच्चे पैदा करने लिए आता है तब उसे माता-पिता बनने के अधिकार से वंचित किया जा रहा है।

मानवीय स्वतंत्रता प्रभावी अभिव्यक्ति के लिए, सभी कानूनों और विनियमों को समाज के लगातार बदलते सामाजिक, नैतिक और नैतिक परिवेश पर विचार करते हुए एक अच्छा संतुलित कार्य करना चाहिए। संसद के अंदर और बाहर, सरोगेसी के मुद्दों पर विचार-विमर्श अपने उचित निष्कर्ष तक पहुंचने से बहुत दूर है और जीवन के अधिकार, स्वतंत्रता और समानता की व्याख्याओं संबंधित बुनियादी मुद्दों के समाधान एक कल्पना मात्र प्रतीत होते हैं।

सु:ख की गुड़िया (नाट्य कृति)

दृश्य-1
(लेडी डॉक्टर की क्लीनिक)

डॉक्टरनी

(पति से कहते हुए)-   (महिला की जाँचकर निकालते हुए)
शुभ समाचार है, आपकी पत्नी गर्भवती है

पति (पात्र-1)

प्रसन्न भाव से -   मेरी माँ को यह सुनकर अत्यन्त हर्ष होगा
दूसरी पीढ़ी मैं ज्येष्ठ हूँ, आप समझ सकती
है इसके महत्व को।

डॉक्टरनी-   "यह एक सुलभ यात्रा नहीं ।

(समझाते हुए) -   आपकी पत्नी गर्भवती अवश्य है।
किन्तु इनकी अवलनाल बच्चेदानी के
मुख पर है, और इसके गंभीर दुःपरिणाम
हो सकते हैं।

पति (पात्र-1)

(पत्नी की ओर   वह मैं भली-भांति समझता हूँ, आप
देखकर) -   अपना कार्य देखें

डॉक्टरनी-   मेरा कार्य आपको आगाह करना है कि किसी भी कारणवश इनको चोट न पहुँचे, अन्यथा पीड़ा से रक्तस्राव हो सकता है।

पति (पात्र-1) -   आपका आशय??

डॉक्टरनी-   आशय है कि ऐसी स्थिति में सहवास, भारी कार्य, आदि से परहेजी का विशेष ध्यान रखें। (पति-पत्नी, क्लीनिक से निकलते हुए)

(पात्र-1, पत्नी से) - क्या क्षुद्रता है इन लोगों की (डॉक्टरों), इनका स्वभाव ही है
यह, भय देना, मेडिकल के जटिल पेचिदा शब्द का प्रयोग कर स्थिति को गंभीर दिखाने का प्रर्दशन करते है।

पत्नी (सकुचाते हुए) - आप अधिक समझते होगें,

पति(पात्र-1) -   हाँ, क्यों नही?
हम दूसरे डॉक्टरों से राय लेगें ये भगवान नहीं जो हमारे भाग्यविधाता बन जाएगें, अनावश्यक की दवाईयां, जांचों का, पुलिंदा पकड़ा दिया है, गोया हम अनपढ़ हो। (कहकर दोनों अस्पताल से निकल जाते है)

दृश्य-2

युगल प्रेमी उपवन में विचरण करते हुए (गीत गाता युवक)

रूप के इस कनक-कानन में

पल्लवित हो अमृत-प्रेम हमारा

किसलय बन पुष्पित हो फिर

प्रिये हमारे घर आंगन में

स्निग्ध-रजनी की निर्मल बेला में

बैठ नौका पर, निकले सरीता के तीर

टेसू जैसे केश तुम्हारें

उड़े बहे जब मंद समीर

युवक-(पात्र-2)- प्रेम की क्या परिभाषा है?

(युवती से प्रश्न करतेतुम भी तो कुछ कहो प्रिये
हुए) -

युवती-(पात्र-3) साथ हो, निस्वार्थ हो

भविष्य के सजीले स्वप्न हो

जब चले दो प्रेमी जीवन-पथ पर

बन जाए पूरक-परस्पर

प्रण कर हो अग्रसर

कर्तव्यों के ग्रहस्थ मार्ग पर

युवक-युवती से

(पात्र-2)-	रूपसी नारी तुम हो सब से मनोहर
	बांध स्वयं के आतुर मन को चाह
	फिरू मैं अनंत अगोचर
	धर के व्याकुल नयनों के भार
	तुम्हारे कोमल वक्षों पर
	क्यों यह अभिव्यक्ति तुम्हें
	आर्कषित नहीं करती?
युवती-(पात्र-3)	नहीं मेरी सीमाएं है
	मेरे साथ आप मेरे रोग को स्वीकार करें
युवक-(पात्र-2)	किन्तु मैं तो प्रेम-रोग का उपासक हूँ
	और इसमें ही सुःख की अनुभूति करता हूँ
युवती-(पात्र-3)	अपने सत्य से आपको अवगत कराना मेरा
	कर्तव्य है, अंधकार की नींव पर सबंद्ध नहीं
	बना करते

(युवती स्मर्ण करते हुए:- "आपकी पुत्री को जन्म से हृदय की समस्या है

इसके शरीर में रक्त कम होना, या अधिक तनाव होने की स्थिति इसके लिए प्राण-घातक हो सकती है।

युवक-(पात्र-2)	तुम चिंतित क्यों हो? अपने यौवन की
	लालिमा को व्यथ्र क्यों कर रही हो?

(कहते हुए युवक-युवती को बल पूर्वक अपने समीप खींचता है और उसका आलिंन करता है।)

दृश्य -3

(परिवार में गोद-भराई की रस्म, महिलाएं ढोलक बजाती हुई, नृत्य करती हुई)

माथे की कुमकुम रंग लाई है

लल्ली की हमारी गोद भर आई है

गुजेंगी जब मुन्ने की किलकारी

महके घर आंगन क्यारी-क्यारी

सोहर गीत-गायें हम

बुआ-मौसी जब नाचे मगन

खुशियाँ बरसे भर दामन

आए लल्ला मन भावन

सोहर गीत गाओं री

ढोल मजीरे, बजाओं री

(नाउन) पात्र-4

"सेठाइन जी" इस बार साड़ी से न होगा

बहु के जुड़वा है, हम सब जानत है।

चाँदी की पायल से कम कुछ न लेंगे

सासः- अरी! पोता तो आने दो

चाँदी क्या सोने के बुदें बनवा दूँगी

लल्ला के आने तक ढोल बजाओ री

शुरू कर दो सारी तैयारी
झूमें खुशियों की फुलवारी
सोहर गीत सुनाओं री

नाउन

(छोटी बच्ची से   तुम्हारा भैया आएगा, राखी बांधोगी न
कहते हुए)-   बिट्टी?
बच्ची माँ की ओर

मुख कर पूछते हुए- माँ क्या हमारे यहाँ भैय्या आने वाला है
माँ(बच्ची के गाल पर किसने कहा गुड़िया?

हाथ फेरते हुए)-

बच्ची -   दादी कह रही थी। नाउन भी कह रही थी।

गर्भवती महिला   जो भी होगा, ईश्वर ने लिखा हो

(पात्र-5)

"नहीं माँ दादी कहती हैं, मुझे नई फ्राक मिलगी भैया   के आने

पर

रात्रि दृश्य-4 (पूनम की रात)

स्थान-1 (कमरे का दृश्य)

पति (पात्र-1) - इस स्तब्ध निशा की रजनी में,

भस्म करदो प्रिये तुम अपनी रूप अग्नि में

अपने पति परमेश्वर के होते

तुम विचलित क्यों होती हो?

अस्पताल में बताई बातों को क्या

तुम गंभीरता से ले रही हो?

पत्नी - जो धर्म है उसे कैसे अस्वीकार करू स्वामी की

इच्छा का कैसे तिरस्कार करू?

सूख गया सौन्दर्य अब मेरा, धूमिल पड़ी सारी

आभा कृशकाय सा हुआ मन मेरा सूखी तन की

हर अभिलाषा

पति अपने यौवन के कस्तूरी तट पर

(पात्र-1) प्यास बुझाने दो मुझको भटके हुए यह नयन मेरे

हर क्षण माँगे हैं तुमको

(पति-पत्नी आत्मसाथ हो जाते हैं)

दृश्य-5
(दूसरी ओर-युवक-युवती से याचना करता हुआ)

युवक - (पात्र-2)	"रूप का तुम्हारे यह रसमय निमंत्रण प्रिये तुम शान्त करो पान कर लूँ कदंब बेला की मुझे पर तुम ध्यान धरों रूधिर का उत्पात कर रहा प्राणों पर वार मेघों की बूंदें तुम्हारी, बने मेरे बाहों का हार अपने अंधरों की कंपन से करो अब मेरा उद्धार
युवक -	प्रेम में भूत से उपर उठकर भूत्तोंवर होने की शक्ति होती है, रूप के भीतर डूबकर अरूप का सन्धान करने की प्रेरणा होती है
युवती -	कामशक्ति तो पशुओं में भी है, क्या हम पशु है जो इसके आधीन हो जायेंगे?
युवक -	नहीं प्रिये, तुम भ्रमित हो पशुओं में कामशील उपयोग की सीमा। मनुष्य में वह एक ऐसे आनंद का कारण बन गई है जो निष्प्रयोजन, निस्सीम और निरूद्देश्य है।
युवती (पात्र-3)	यह उचित नहीं

युवक (पात्र-2)	उचित/अनुचित प्रेम नहीं समझता ? रूधिर के उत्पात की अग्नि शरीर नही समझता प्रिये??
युवती (पात्र-3)	मेरा शरीर सबल नहीं इस इच्छापूर्ति के लिए,
युवक (पात्र-2)	इन तरगों में स्वयं को समाहित कर देखो, शरीर की प्रत्येक इन्द्रियां पुर्नजीवित हो जाएगीं

(युवती युवक की इच्छा के समक्ष स्वयं को उसे सौंप देती है)

दृश्य-6

महिला चिकित्सालाय का आपातकालिन विभाग
(प्रातः4 बजे)

जूनियर डॉक्टर सीनियर डॉक्टर को

(फोन करते हुए) -   दो पेशेंट अभी आए हैं,

केश **Post Coital**[*1] ब्लीडिंग का है

अविवाहित है और तीव्र रक्त स्राव हो रहा

है साथ **MS**[*2] भी है

दूसरी   गर्भवती   है   साथ   **Placenta**

Previa Grade-4[*3]

दोनों ही शॉक में है

दूसरी ओर से

(आवाज आती है):- दोनों को शीघ्र-अति-शीघ्र ऑपरेशन के लिए

लेना पडे़गा तुम सब व्यवस्था करो रक्त का

प्रबंध करो, क्षण भर भी व्यर्थ नहीं कर सकते

(अस्पताल में स्ट्रेचर पर लेटी दो महिलाएं

अफरा-तफरी का वातावरण, कातर-क्रन्दन)

[1] सहवास उपरान्त होने वाला रक्तस्राव

[2] हृदय की घातक बीमारी

[3] गर्भ-सबंधी प्राणघातक स्थिति

सूत्रधार

रक्त बह रहा यत्र-सर्वत्र

श्वासे थमने लगी अब

आह निकली जब कठं से

शुष्क पड गए स्वन सब

खड़े मूक दोनों शिकारी

लीला का परिणाम देखे जन-जन

कर्तव्य बलि-पर चढ़ गई,

वे दोनों सुःख की गुड़िया बन

दृश्य-7

डॉक्टर ऑपरेशन कर बाहर निकलते हुए दोनो मरीज के सगों को समझाते हुए

डॉक्टर (दबे स्वर से)- स्थित गंभीर है

पति(पात्र-1)

की ओर   अवलनाल के बच्चेदानी से चिपके होने के कारण

देखकर:-   बच्चेदानी निकालनी पड़ी है, आपकी पत्नी अभी
            भी निश्चेत है?

युवक की ओर देखकरः- रक्त स्त्राव अधिक था। हृदय कमजोर
            होने का कारण यह शरीर इस घात से उभर नहीं
            पा रहा है योनी का मार्ग पूर्णतः फट चुका था
            दीवारों को पुनः बानाने का प्रयास किया गया।
            टांके भी लगे हैं।

सूत्रधार

शरीर में प्राणों का प्रवाह

कर रहा आँख-मिचौली

प्रार्थना से हो यदि चमत्कार

जीवित हो उठे श्वासों कि डोली

दोनों मरीजों की निश्चेत अवस्था में ICU में स्थानांतरित करते हुए Ventilator* पर ले लिए जाते हैं

दृश्य-8

(गर्भवती महिला रसोई में काम करते हुए)

छोटी बच्ची -	माँ, आपको व्रत रखना मना किया था न, डॉक्टर आँटी ने, लाओं यह बाल्टी मैं उठा दूँ
माँ(पात्र-5) (गर्भवती)	"नहीं गुड़िया" मैं कर लूंगी आज का व्रत, 'पति की लम्बी आयु के लिए होता है'।
छोटी बच्ची (दादी की साड़ी खींचते हुए)	दादी समझाओं न मम्मी को
दादी -	'चुप रख' ये ले फरे खा, माँ को दुःखी न कर
छोटी बच्ची -	अरे देखो दादी माँ क्या हुआ? (चीख माँ की) बाल्टी के साथ गिरते हुए धम्म की आवाज के साथ-सब लोग दौड़ते हुए

दृश्य-9

(प्रसूति विभाग) लेबर रूम

नर्स-	इसके जुड़वा है, मैंडम जी, और सातवां महिना ही चल रहा है

डॉक्टरनी-	क्या?

नर्स-	हाँ, हमने देख लिया है पाँच-छः मिनट में डीलिवरी हो जायेंगे, हमने बच्चों के डॉक्टर को फोन कर दिया है

डॉक्टर-	बच्चों के NICU में सूचना दे दो प्रसूता चीखती है - (सब दौड़ने लगते है बच्चो के डॉक्टर अंदर जाते हुए कुछ समय उपरान्त

	(डॉक्टरनी-बाहर निकलकर बताते हुए)

डॉक्टरनी-	डीलिवरी हो गई, लड़के को हम नहीं बचा पाए

	(परिवार को लड़की सौपते हुए)

नर्स (शेस सदस्यों से)- आप में से कोई आ जाए, दस्तखत कर लड़के का मृत्य शरीर ले जाए (सदस्यों के रूदन का शोर)

	सास हमारा "लल्ला" बोलते हुए बाहर निकलती है

दृश्य-10

ICU के बाहर के कक्ष में

युवक का परिवार

युवक से (पात्र-2) "तुम क्यों इतना अपराध बोध होते हो?
दोनों की सम्मति से तुम साथ हुए कोई
जबरदास्ती तो कि नहीं तुमने?

युवक-पात्र-2

(दुःखी भाव) किन्तु उसने मुझे बताया था कि उसका हृदय
का उपचार चल रहा है
मैं कुछ अधिक आवेग में था।
स्वयं को नियंत्रित न कर पाया

(युवक का परिवार)

युवक को समझाते हुए- यह नियत था, तुम्हार दोष नहीं योनी
मे इतने टाकों उपरान्त वह कहां
वैवाहिक जीवने के लिए उपयुक्त रह
पाएगी

तुम चलो, अब उसके परिवार वाले संभाले
(युवक-परिवार वालो के साथ चला जाता है)

दृश्य-11

ऑपरेशन कक्ष के बाहर

पति (पात्र-1)

डॉक्टर से पूछते हुएः- बच्चेदानी निकल गई। कैसे? क्यों?

डॉक्टर-		उनके प्राण की रक्षा के लिए अंतिम प्रयोजन
		यही हो सकता था, अवलनाल गहराई में
		चिपकी थी बच्चेदानी से

(यह कह कर डॉक्टरनी चली जाती है)

परिवार-		बच्चेदानी के बिना आगे भी मातृ-सुख कहां
		होगा?

पति से (पात्र-1)	क्या मेरे पुत्र के जीवन में पितृःसुख नहीं
		अब तुम्हे देखना है कि क्या तुम अपने भाग्य
		की एवं परिवार की इस स्त्री के लिए बलि
		दोगे?

		(पति व्यधित हो निकल जाता है परिवार
		वालों संग)

सूत्रधार

क्या पाओगी?

कहाँ जाओगी?

किससे गुहार लगाओगी?

हर मोड पर दानव बैठे हैं

हर दृष्टि में परछाई है

ये तन्त्र भी हमारा है

हम ने ही बिसात बिछाई है

ये सृष्टि नहीं तुम्हारी है

तुमतो एक कठ पुतली हो

बस साँचों में ढली रहो

न विमुख तुम एक तितली हो

पहचान तुम्हारी धर्मों से है

तुम सब कि यही कहानी है

जब तक जीवन डोर चले

तुम्हे यह रीत निभानी है

दृश्य-12

महिला वार्ड के बाहर

गर्भवती (पात्र-5) क्या हुआ माँ मेरे बच्चों का?
ठीक तो है न वे?

पात्र की माँ - बेटा तुम थकी हो। विश्राम करो तुम स्वस्थ्य
रहोगी, बच्चे तो हो ही जाएगें
(मरीज के सगे महिला का बताते हुए)

पात्र-5 की सास दोनों के बच्चे कम दिन के थे, लाख प्रयासों
के बाद भी बच न सके
(महिला यह सुनकर बिस्तर पर निश्चेत गिर
जाती)

दृश्य-13

(दाह-संस्कार घाटपर)

डोम- आप तो जानते है नवजात शव को जलाया नहीं जाता

पात्र-5 मरीज के सगे- तो आप दफना दीजिए, साथ इसको भी (नवजात जीवित लड़की को भी मृत्व लड़के के साथ देते हुए)

डोम- किन्तु ये तो जीवित हैं, सासें चल रही हैं

पात्र-5 मरीज के सगे- लड़का जीवित न रहा, अब इसका क्या मोल?

डोम- मै यह नहीं कर सकता ये पाप है

पात्र-5 मरीज के सगे- कुछ आप अपनी दक्षिणा ले ले

डोम- माना मेरा कार्य है, किन्तु ये मैं नही कर पाऊंगा (चला जाता है)

(मरीज के सगे स्वयं ही दोनों को दफनाते हुए) फिर चले जाते हैं कुछ ही क्षणों में कब्रिस्तान समीप सड़क पर (ऑटोरिक्शा में जा रहे चालक के साथ पुजारी)

(चालक को रोकते हुए)- रूको, सुनो किसी शिशु के रोने की
आवाजा आ रही है न

चालक-   हाँ,पुजारी जी

(दोनों रूक कर उस स्थान की ओर जाते हुए जहाँ शिशु को
दफनाया गया था)

सूत्राधार

क्या सब रहेगा इतना दुःखद?

आशा की किरण क्यों नहीं किसी ओर?

ऐसे न अन्त करो, कुछ तो सुझाओं

इस सांझ की अब तो हो भोर

POCO M4 5G | RD
26/11/2023 15:18

पुजारी-   (मिट्टी से शिशु निकालते हुए, "अरे यह पुत्री तो
                 जीवित है?)

ऑटो चालक -   चमत्कार प्रभु का?
                 प्रभु की माया
                 मृत्यु को कर भेद
                 देवी की यह काया

पुजारी -   (शिशु को आकाश में उठाकर अभिवादन करते
                 हुए)
                 दुर्गा बन कर यह जन्मी है
                 महशासुर का कर संहार
                 हर युग में रूप बदल
                 नारी जीते जग संसार

4.6 करोड़ बेटियों को भारत में जन्म नहीं लेने दिया जाता

- कन्या भ्रूण हत्या की सबसे अधिक घटनाओं वाले देशों में से एक भारत में है।

- जन्म उपरान्त भी 5 साल की उम्र तक, एक बच्ची की मौत बेटे की चाह में होती है

- 2055 तक भारत में शादी के लिए लड़की मिलना हो सकता है कठिन

तरीकेः-

- देश के कई हिस्सों में बेटी का जन्म होने पर उसे दूध में डुबोकर मार देते हैं।

- नवजात लड़की को अफीम चटाकर उसकी जान ले लेते हैं।

- लड़की का गला दबाकर उसे गढ्ढे में दफना दिया जाता हैं।

कानूनः-

1. गर्भधारण पूर्व और प्रसव पूर्व निदान तकनीक (दुरुपयोग का विनियमन और रोकथाम) (पीसीपीएनडीटी) अधिनियम 2004 में प्रसव पूर्व लिंग जांच और कन्या भ्रूण हत्या को रोकने और दंडित करने के लिए बनाया गया था।

2. इसे IPC धारा 315 के तहत अपराध माना गया है और उसी के लिए सजा प्रदान करता है। सजाः 10 साल तक की कैद और जुर्माना। इसके अलावा, संसद ने कन्या भ्रूण हत्या को रोकने के लिए एक विशिष्ट कानून बनाया है जिसका नाम पूर्व गर्भाधान और प्रसवपूर्व निदान तकनीक (PCPNDT) अधिनियम है।

अभिस्वीकृति

सर्वप्रथम मैं सर्वशक्तिमान ईश्वर का आभारी हूँ जिनके आर्शीवाद ने हमेशा मेरा मार्गदर्शन किया है।

मैं हर उस व्यक्ति एवं पेशेंट के लिए सम्मान और आभार व्यक्त करना चाहूँगी जिन्हें मुझसे इस कृति की अपेक्षा थी।

मैं वैलेन्शिया के स्टॉफ विशेषकर मोनू कनौजिया को हार्दिक धन्यवाद देती हूँ, जिन्होंने इस प्रोजेक्ट के लिए अपना पूर्ण सहयोग और सुविधाएं प्रदान की है।

डॉ. वरदा शुक्ला, एक स्त्री प्रसूति रोग विशेषज्ञ एवं IVF Specialist है, (MBBS-MS) । इनका निजी अस्पताल 'VALENCIA TEST-TUBE BABY CENTRE' के नाम से लखनऊ आलमबाग में स्थित है।

प्रारम्भिक दिनों से ही समाचार पत्र-पत्रिकाओं' के लिए लेखन कार्य में इनकी रूचि थी, 'स्वस्थ्य नारी-सशक्त नारी के मंत्र के तहत लेखिका ' भामिनी फाउन्डेशन नामक सामाजिक कार्यों से जुड़ी संस्था की संचालिका भी है।